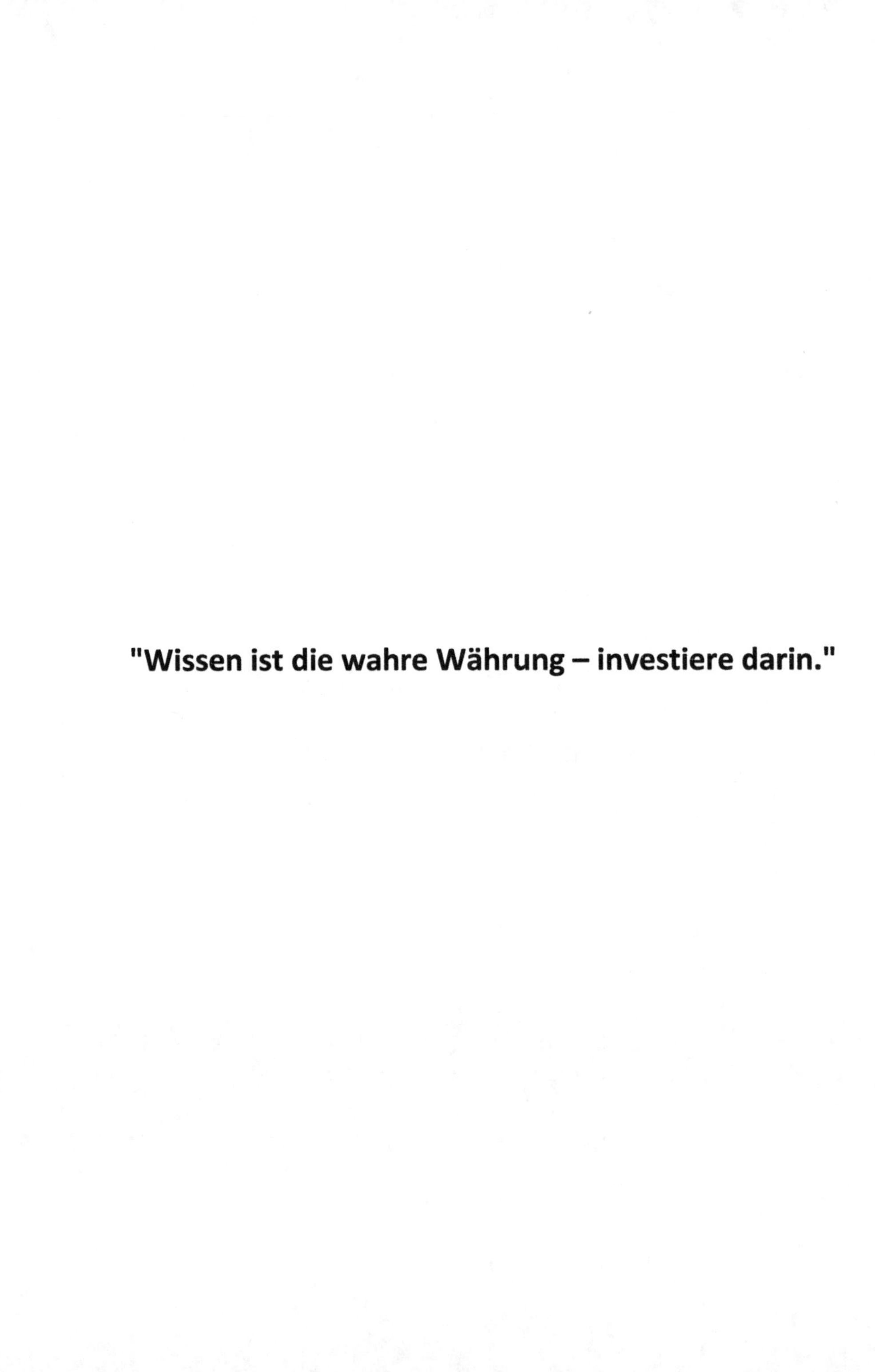

"Wissen ist die wahre Währung – investiere darin."

Filippos Vrakas, Fotis Vrakas

Kryptowährungen

Spekulationsobjekt oder Währungen der Zukunft

tredition

Verlagslabel: Kryptonomisma Publishing

ISBN 978-3-384-27556-1

Druck und Distribution im Auftrag der Autoren:

tredition GmbH, Heinz-Beusen-Stieg 5, 22926 Ahrensburg, Deutschland

Inhalt

*Alle Daten und Werte umfassen den Zeitraum bis zum 2. Quartal 2024.

Vorwort

Hallo liebe Kryptowährungsinteressenten,

wir stellen uns kurz vor.

Wir sind Zwillinge und zum Zeitpunkt des Schreibens des Buches 25 Jahre alt. Derzeit studieren wir Betriebswirtschaft und Unternehmensführung.

Seit Ende 2012/Anfang 2013 befassen wir uns mit Kryptowährungen. Über das Thema Aktien haben wir das erste Mal in der Schule gehört als die ganze Klasse ein sogenanntes „Börsenspiel" spielen sollte. In diesem Online-Wettbewerb konnte man mit fiktiven Käufen und Verkäufen das Prinzip des Aktienhandels kennenlernen. Wir waren fasziniert, dass wenn man Aktien kauft, ein Stück eines Unternehmens besitzt. Außerdem fanden wir es sehr interessant, dass man mit dem Kauf und mit dem Verkauf der Aktien auch Geld verdienen kann.

Zu dieser Zeit haben wir von unseren Eltern einen neuen Laptop bekommen. Wir haben im Internet über das Thema Aktien recherchiert. Wir wollten aber auch etwas finden, dass frei von allem ist. Wie z.B., dass man nicht erst einen Bankier (Bänker) anrufen muss, um eine Aktie zu kaufen, dass nicht jedermann weiß, was wir besitzen und dass man nicht nur von Montag bis Freitag damit handeln kann. Wir wollten frei und anonym sein. Es sollte alles dezentral sein. Und somit sind wir auf Bitcoin gestoßen.

Damals wussten die Wenigsten, was die sogenannten Bitcoins sind. Das Wort Kryptowährung war damals ein Fremdwort. In dieser Zeit gab es sehr wenig zum Thema Kryptowährungen, wie sie funktionieren oder was hinter ihrer Technologie steckt. Wir fanden das Thema sehr interessant und darum haben wir uns sehr intensiv damit befasst. Je mehr wir uns mit dem Thema Kryptowährungen beschäftigten, desto interessanter wurde es.

Zeitgleich haben wir uns mit dem Thema Investition und besonders mit dem Thema Trading befasst. Da wir damals schon positiv zu Bitcoin und allgemein zum Thema Kryptowährungen standen und an eine erfolgreiche Zukunft der Kryptowährungen glaubten, wollten wir in Bitcoin und später auch in andere Kryptowährungen investieren. Somit haben wir Ende 2012 unseren ersten Bitcoin für 13 US-Dollar gekauft. Das war der Beginn einer ganz großen Liebe.

Auf der anderen Seite waren Kryptowährungen damals schon volatil. Mit der Zeit wurden Kryptowährungen immer volatiler. Darum wollten wir mit Kryptowährungen auch traden. Somit haben wir beschlossen Investoren, aber auch Trader zu werden.

Unsere ersten Trades waren Verluste. Mit der Zeit wurden wir aber immer besser. Wir konnten den Chart immer besser lesen und analysieren. Die technischen Indikatoren haben wir immer besser verstanden. Später haben wir auch eigene Strategien entwickelt. Von den Verlusten wurden langsam Gewinne, und mit der Zeit wurden die Gewinne immer höher. Unsere Investitionen in Bitcoin waren auch profitabel. Das hat uns motiviert weiterzumachen.

Aber das Wichtigste ist, dass es uns damals sowie heute, sehr großen Spaß macht. Für einen längeren Zeitraum wusste keiner unserer Freunde und Bekannten, dass wir uns mit Kryptowährungen und mit dem Trading auskennen. Wir wollten es für uns behalten. Bei einem Gespräch mit einem Bekannten über dieses Thema, war sein Interesse geweckt und er wollte mehr wissen. So hat es sich herumgesprochen, und viele aus dem

Freundes- und Bekanntenkreis wollten etwas zu diesem Thema wissen. Da begann es, dass wir immer mehr Interessenten geholfen haben das Thema Kryptowährungen etwas besser zu verstehen und was man damit machen kann und wie man damit handeln kann.

Dadurch entstand dann die Idee ein Buch darüber zu schreiben. Wir sind keine professionellen Autoren und bitten um Nachsicht für mögliche Wiederholungen oder weniger professionelle Formulierungen. Unser Ziel ist es, wertvolle Informationen zu vermitteln, und wir hoffen, dass der Inhalt dennoch nützlich und interessant ist. Dieses Buch soll auch nur als Ratgeber und als Motivation für die ersten Versuche mit Kryptowährungen dienen. Es ist jedoch KEINE Anlageberatung. Als wir damals das erste Mal von Bitcoin gelesen hatten, gab es fast gar kein Buch über dieses Thema. Sogar im Internet konnte man nur sehr schwer etwas zum Thema Kryptowährungen finden. Wir mussten selbst sehr viel recherchieren und alles allein lernen und verstehen. Deshalb haben wir dieses Buch geschrieben. Denn so ein Buch hätten wir damals gebraucht.

In der Zwischenzeit beschäftigen sich immer mehr Menschen mit Kryptowährungen, aber immer noch sehr Wenige. Doch es gibt diejenigen, die irgendwann mal etwas darüber gehört haben, aber trotzdem nicht genau wissen wie sie funktionieren, wie man damit tradet, trotzdem prahlen sie im Internet wie „reich“ sie dadurch geworden sind. In vielen Fällen sind solche „Kenner“ Betrüger. Es bedarf einer guten Menschenkenntnis und eine große Portion Vorsicht damit man nicht drauf reinfällt.

Kurzgefasst: Wir sind seit Ende 2012/Anfang 2013 im Bereich „Kryptowährungen“ aktiv, als Trader und Investoren. Mit diesem Buch wollen wir anderen Menschen/Interessenten helfen, dem Thema Kryptowährung näher zu kommen. Uns persönlich macht es nach wie vor sehr großen Spaß, uns mit Kryptowährungen zu beschäftigen.

Und wir finden, das ist auch das Wichtigste: **Spaß daran zu haben**. Geld ist nicht das Wichtigste, was es gibt. Man sollte immer auch nur das investieren, was man auch nicht „nachweinen“ würde.

Danke für das Interesse an unserem Buch und viel Spaß beim Lesen.

1 Einleitung

Die Digitalisierung hat das Potenzial, das Leben von Menschen grundlegend zu verändern. Seit der Jahrtausendwende hat sich die Welt zunehmend digitalisiert, und die Auswirkungen dieser Transformation haben sich positiv auf die Menschheit ausgewirkt. Die zunehmende Digitalisierung hat viele Aspekte des täglichen Lebens erleichtert. In Anbetracht dieser Entwicklung ist es sinnvoll, auch den Umgang mit Bargeld zu vereinfachen und in digitale Formen zu überführen. Trotz verschiedener Versuche, Bargeld in digitaler Form zu etablieren, sind bisherige Ansätze gescheitert.

Im Jahr 2008 fiel erstmals der Begriff "Bitcoin", und zu diesem Zeitpunkt war vielen Menschen der Begriff noch unbekannt. Bitcoin war die erste Kryptowährung, die auf den Markt kam und damit die Einführung digitaler Währungen einläutete. Anfangs war es mit Bitcoin nur möglich, eine begrenzte Anzahl von Produkten zu kaufen, doch mit der Zeit wuchs die Vielfalt der Produkte, die mit dieser Währung erworben werden konnten. Das zunehmende Interesse an Kryptowährungen spiegelt sich in ihrer steigenden Popularität wider. Jahr für Jahr entstehen neue Kryptowährungen, und immer mehr Menschen zeigen Interesse an diesem digitalen Vermögenswert. Heutzutage nutzen nicht nur große Unternehmen Kryptowährungen, sondern auch Millionen von Privatpersonen, die in den Handel oder die Investition in Kryptowährungen eingestiegen sind. Täglich werden tausende Transaktionen und Einkäufe mit digitalen Währungen getätigt. Obwohl Bitcoin die erste Kryptowährung war, die weithin bekannt wurde und einen großen Einfluss auf die digitale Finanzwelt hatte, gab es bereits zuvor andere Versuche, digitale Währungen zu schaffen. Projekte wie „Bit Gold“ und „Hashcash“ enthielten einige Elemente des Konzepts von Kryptowährungen vor Bitcoin. Allerdings wurde

Bitcoin als erste Kryptowährung erfolgreich implementiert und erreichte eine breite Akzeptanz und Nutzung. Zu Beginn hatte Bitcoin nicht einmal den Wert von wenigen Cents. Fünfzehn Jahre später sind die Preise von Bitcoin gestiegen und haben sich fast der Marke von 80.000 $ angenähert.

In Bezug auf die Zukunft werfen Kryptowährungen viele Fragen auf: Werden sie zu den Währungen der Zukunft avancieren und eine echte Alternative zu den traditionellen Währungen darstellen? Oder handelt es sich bei ihrem Aufstieg lediglich um ein Spekulationsgeschäft? Diese Fragen sind von großer Bedeutung, da sie nicht nur die Entwicklung des Finanzsystems beeinflussen könnten, sondern auch das Vertrauen der Verbraucher in digitale Währungen prägen. Es ist wichtig, die potenziellen Auswirkungen einer weiteren Verbreitung von Kryptowährungen zu verstehen und die verschiedenen Faktoren zu berücksichtigen, die ihre zukünftige Rolle beeinflussen könnten. Dazu gehören regulatorische Maßnahmen, technologische Fortschritte, das Verhalten der Märkte und das Vertrauen der Menschen in die Stabilität und Sicherheit dieser digitalen Vermögenswerte. Ein umfassendes Verständnis dieser Aspekte kann dazu beitragen, fundierte Entscheidungen über die Zukunft von Kryptowährungen zu treffen und ihre potenziellen Vor- und Nachteile besser zu verstehen.

2 Geschichte und Ursprung der Kryptowährungen

Die historische Entwicklung der Kryptowährungen ist von Geheimnissen und Spekulationen umhüllt. Niemand weiß genau, wer die „erste“ Kryptowährung, Bitcoin, erfunden und entwickelt hat. Unter dem Pseudonym Satoshi Nakamoto verbirgt sich der geniale Schöpfer des Bitcoins, dessen wahre Identität bis heute ein wohlgehütetes Geheimnis bleibt. Es wird vermutet, dass Satoshi entweder eine Einzelperson oder eine Gruppe von Personen ist, die über den gesamten Globus verstreut sind.

Nach dem bahnbrechenden Aufkommen von Bitcoin entstanden nach und nach weitere Kryptowährungen nach dem gleichen Grundprinzip. Der allererste Bitcoin wurde am 3. Januar 2009 um 19:15 Uhr "geboren" - ein bedeutender Moment, der im Genesis-Block verewigt ist. Dieser Initiator der digitalen Revolution trägt den passenden Namen "Genesis-Block". Satoshi veröffentlichte nicht nur das Bitcoin-Whitepaper (31.10.2008), sondern auch die zugehörige Software, die die Grundlagen für eine neue Ära des Finanzwesens legte. Doch genauso rätselhaft wie sein Aufkommen, war auch sein Verschwinden im Jahr 2010.

Das Bitcoin-Whitepaper enthält die essenziellen Grundlagen der Kryptowährungen und der revolutionären Blockchain-Technologie. Satoshi präsentierte darin eine geniale Methode für ein dezentrales Transaktionssystem, das die herkömmlichen Vorstellungen von Finanztransaktionen auf den Kopf stellte. Es beschreibt detailliert, wie Transaktionen gebildet werden und welche entscheidende Rolle das Mining in diesem Prozess spielt.

Das Bitcoin-Whitepaper ist von unschätzbarem Wert für jeden, der sich mit der Entwicklung oder Nutzung von Kryptowährungen befasst. Der

Schöpfer des Bitcoins hatte die Vision eines unabhängigen Bezahlsystems vor Augen, das frei von staatlicher oder institutioneller Kontrolle ist. Es sollte ein äußerst sicheres System sein, das den Nutzern volle Autonomie gewährt und Transaktionen auf Peer-to-Peer-Basis ermöglicht - ohne Zwischenschaltung von Regierungen oder Banken.

Bitcoin: A Peer-to-Peer Electronic Cash System

Satoshi Nakamoto
satoshin@gmx.com
www.bitcoin.org

Abstract. A purely peer-to-peer version of electronic cash would allow online payments to be sent directly from one party to another without going through a financial institution. Digital signatures provide part of the solution, but the main benefits are lost if a trusted third party is still required to prevent double-spending. We propose a solution to the double-spending problem using a peer-to-peer network. The network timestamps transactions by hashing them into an ongoing chain of hash-based proof-of-work, forming a record that cannot be changed without redoing the proof-of-work. The longest chain not only serves as proof of the sequence of events witnessed, but proof that it came from the largest pool of CPU power. As long as a majority of CPU power is controlled by nodes that are not cooperating to attack the network, they'll generate the longest chain and outpace attackers. The network itself requires minimal structure. Messages are broadcast on a best effort basis, and nodes can leave and rejoin the network at will, accepting the longest proof-of-work chain as proof of what happened while they were gone.

1. Introduction

Commerce on the Internet has come to rely almost exclusively on financial institutions serving as trusted third parties to process electronic payments. While the system works well enough for most transactions, it still suffers from the inherent weaknesses of the trust based model. Completely non-reversible transactions are not really possible, since financial institutions cannot avoid mediating disputes. The cost of mediation increases transaction costs, limiting the minimum practical transaction size and cutting off the possibility for small casual transactions, and there is a broader cost in the loss of ability to make non-reversible payments for non-reversible services. With the possibility of reversal, the need for trust spreads. Merchants must be wary of their customers, hassling them for more information than they would otherwise need. A certain percentage of fraud is accepted as unavoidable. These costs and payment uncertainties can be avoided in person by using physical currency, but no mechanism exists to make payments over a communications channel without a trusted party.

What is needed is an electronic payment system based on cryptographic proof instead of trust, allowing any two willing parties to transact directly with each other without the need for a trusted third party. Transactions that are computationally impractical to reverse would protect sellers from fraud, and routine escrow mechanisms could easily be implemented to protect buyers. In this paper, we propose a solution to the double-spending problem using a peer-to-peer distributed timestamp server to generate computational proof of the chronological order of transactions. The system is secure as long as honest nodes collectively control more CPU power than any cooperating group of attacker nodes.

Abbildung 1: Bitcoin-Whitepaper

Die Gesamtzahl an Bitcoins soll 21.000.000 betragen. Bis Anfang 2024 waren bereits über 19.500.000 im Umlauf, was mehr als 93 % der gesamten Bitcoin-Menge entspricht. Diese Menge erreichte eine Marktkapitalisierung von knapp 1.500.000.000.000 Dollar, wobei der Wert eines Bitcoins über 73.000 $ betrug. (1Q 2024)

Die Marktkapitalisierung ist der aktuelle Wert aller im Umlauf befindlichen Bitcoins. Die gesamte Kapitalisierung aller 8547 Kryptowährungen beträgt über 2.500.000.000.000 Dollar. Somit haben die übrigen 8547 Kryptowährungen zusammen eine Marktkapitalisierung von 1.000.000.000.000 Dollar. Bitcoin ist somit die Kryptowährung mit der größten Marktkapitalisierung.

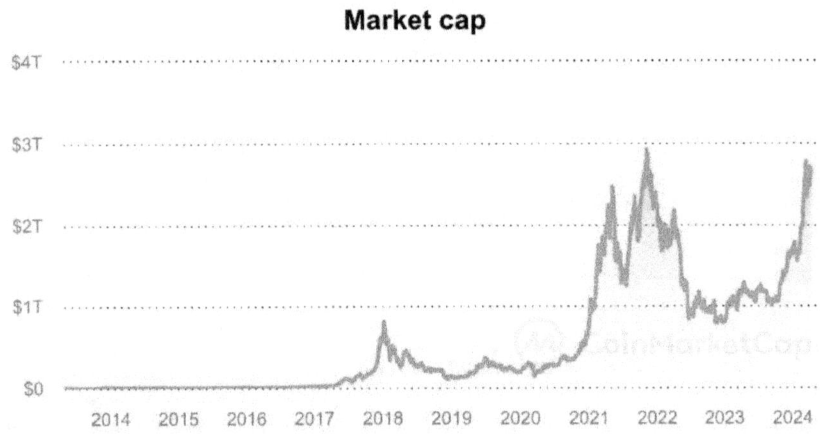

Abbildung 2: Marktkapitalisierung

Die Gesamtmarktkapitalisierung von Kryptowährungen liefert Anlegern wichtige Einblicke in die Marktstimmung, unabhängig davon, ob sie sich positiv oder negativ entwickelt. Zudem ermöglicht sie Benutzern und

Investoren, das Ausmaß des Wachstums und der Akzeptanz von Kryptowährungen besser zu verstehen.
Die erste Transaktion mit Kryptowährung fand am 22. Mai 2010 statt, als zwei Pizzen mit 10.000 Bitcoins bezahlt wurden. Diese denkwürdige Transaktion wurde von Laszlo Hanyecz durchgeführt, und sie markiert einen entscheidenden Meilenstein in der Geschichte von Bitcoin. Sie gilt als eine der frühesten dokumentierten Transaktionen, bei denen Bitcoin tatsächlich als Zahlungsmittel verwendet wurde. Damals hatte Bitcoin noch keinen festen Wert im Vergleich zu traditionellen Währungen wie dem US-Dollar. Wie Abbildung 3 zeigt, sind heute diese 10.000 Bitcoins heute über 717.780.000$ wert. (1Q 2024)

Hal Finney war der Empfänger der ersten Bitcoin-Transaktion überhaupt. Am 12. Januar 2009, nur wenige Tage nach der Veröffentlichung des Bitcoin-Whitepapers durch Satoshi Nakamoto, erhielt Hal Finney 10 Bitcoins als Teil eines Testlaufs des Netzwerks. Diese historische Transaktion wird als die erste bekannte Bitcoin-Transaktion betrachtet und markiert den Beginn einer neuen Ära des digitalen Zahlungsverkehrs.

Sowohl Laszlo Hanyecz' Kauf der Pizzen als auch Hal Finneys Erhalt von 10 Bitcoins sind von unschätzbarem historischem Wert. Während Hanyecz' Transaktion den frühen Einsatz von Bitcoin als praktisches Zahlungsmittel unterstreicht, validierte Finneys Erhalt die Funktionsweise des Bitcoin-Netzwerks und leitete eine neue Ära des digitalen Zahlungsverkehrs ein. Beide Ereignisse verdeutlichen den bedeutenden Fortschritt und die Entwicklung von Bitcoin als digitale Währung.

Hash ID
a1075db55d416d3ca199f55b6084e2115b9345e16
c5cf302fc80e9d5fbf5d48d

Hash	a107-d48d	Block-ID	57.043
Position	1	Zeit	22 May 2010 08:16:31
Alter	13y 10Mo. 18T 0St. 0Mo. 37Sek.	Eingaben	131
Eingabewert	10000.99000000 BTC $717.851.760	Ausgaben	1
		Ausgabewert	10000.00000000 BTC $717.780.700
Gebühr	0.99000000 BTC $71.060,29		
		Gebühr/B	4191.363 sat/B
Gebühr/VB	-	Größe	23.620 Bytes
Gewicht	94.480	Weight Unit	1047.841 sat/WU
Coinbase	No	Zeuge	No
RBF	No	Locktime	0
Version	1	BTC Price	$71.778,07

Abbildung 3: Überweisung von 10.000 BTC für 2 Pizzen

Hash ID
f4184fc596403b9d638783cf57adfe4c75c605f635
6fbc91338530e9831e9e16

Hash	f418-9e16	Block-ID	170
Position	1	Zeit	12 Jan 2009 04:30:25
Alter	15y 2Mo. 27T 14St. 49Mo. 40Sek.	Eingaben	1
Eingabewert	50.00000000 BTC $3.592.343	Ausgaben	2
		Ausgabewert	50.00000000 BTC $3.592.343
Gebühr	0 BTC $0.00		
		Gebühr/B	-
Gebühr/VB	-	Größe	275 Bytes
Gewicht	1.100	Weight Unit	-
Coinbase	No	Zeuge	No
RBF	No	Locktime	0
Version	1	BTC Price	$71.846,87

Von	An
1 Satoshi 2 **50.00000000 BTC** • $3.592.343	1 Hal Finney **10.00000000 BTC** • $718.468
	2 Satoshi 2 **40.00000000 BTC** • $2.873.874

Abbildung 4: Erste bekannte Bitcoin-Transaktion

3 Was sind Kryptowährungen?

Man kann Kryptowährungen als eine Form von digitalem Geld betrachten. Ähnlich wie bei traditionellen Währungen (Fiat-Währungen) können auch Kryptowährungen für Zahlungen verwendet werden. Im Gegensatz zu physischen Währungen wie Euro, Dollar oder Yen existieren Kryptowährungen ausschließlich digital. Wenn wir an digitales Geld denken, kommt vielen von uns PayPal oder ähnliches in den Sinn. Bei genauerer Betrachtung offenbart sich jedoch ein wesentlicher Unterschied.

Die Idee hinter Kryptowährungen ist es, als elektronisches Zahlungssystem zu fungieren, das keiner zentralen Autorität unterliegt. Dies bedeutet, dass sie dezentralisiert sind, was wiederum bedeutet, dass weder Banken, Unternehmen noch Staaten die Kontrolle über sie haben oder ihre Regeln ändern können. Stattdessen ermöglichen sie den direkten Handel zwischen den Nutzern und Transaktionen ohne Zwischenhändler. Durch die Verwendung von Blockchain-Technologie bieten Kryptowährungen sichere und transparente Transaktionen, die von einem globalen Netzwerk von Computern überprüft und bestätigt werden. Ziel dieses dezentralen Systems ist es, Finanztransaktionen für alle unabhängig von geografischen Standorten oder traditionellen Finanzinstitutionen zugänglich zu machen. Die Vision ist es, finanzielle Freiheit und Inklusion zu fördern, indem Menschen weltweit die Möglichkeit erhalten, an einem transparenten und sicheren Finanzsystem teilzunehmen, das nicht von einzelnen Interessengruppen kontrolliert wird.

Im herkömmlichen Fiat-Währungssystem ist eine Bank oder ein anderer Vermittler notwendig, um Transaktionen abzuwickeln, und die Kommunikation erfolgt über einen zentralen Server. Wenn dieser zentrale Server aus irgendeinem Grund gestört oder gehackt wird, kann das gesamte Netzwerk lahmgelegt werden, was zu erheblichen Problemen führen kann, insbesondere wenn keine Backups vorhanden sind. Im Gegensatz dazu werden Transaktionen bei Kryptowährungen über eine Vielzahl von Knoten in die Blockchain eingefügt (der Begriff "Blockchain" wird später erklärt und analysiert). Stellen Sie sich vor, dass bei einer Transaktion viele Computer "unterschreiben" und eine Kopie der Datenbank erhalten, die diese Transaktion bestätigt. Dadurch wird es unmöglich, Transaktionen zu entfernen oder zu ändern. Die Blockchain-Technologie ist das Herzstück von Kryptowährungen und ihrer Entstehung, aber dazu später mehr.

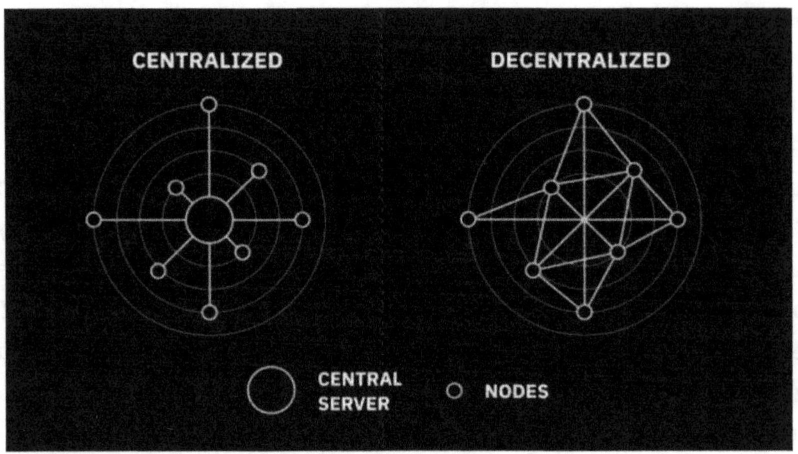

Abbildung 5: zentral vs. dezentral

In Abbildung 5 auf der linken Seite ist ein zentraler Server dargestellt, der beispielsweise einer Bank gehören könnte. Dieser zentrale Server befindet sich in der Mitte und die Benutzer müssen über ihn kommunizieren. Auf der rechten Seite der Abbildung hingegen ist alles dezentralisiert. Hier sind Knoten miteinander verbunden und tauschen Informationen untereinander aus.

Was bedeutet das Wort Kryptowährung? Das Wort „Kryptowährung“ setzt sich aus den Bestandteilen „Kryptographie“ und „Währung“ zusammen. Um diesen Begriff zu verstehen, ist es zunächst wichtig, die Bedeutung dieser beiden Wörter zu klären.

„Krypto“ stammt aus dem Griechischen und bedeutet „versteckt“ ("κρυφό") oder „verschlüsselt“ ("κρυπτογραφημένο"), während „Graphie“ ebenfalls griechischen Ursprungs ist und „Schrift“ ("γραφή") bedeutet. Somit beschreibt „Kryptographie“ ("Κρυπτογραφία“) eine versteckte oder verschlüsselte Nachricht. „Währung“ hingegen bezeichnet ein Zahlungsmittel. Zusammengesetzt beschreibt "Kryptowährung" eine Form von digitalen oder virtuellen Währungen, die durch kryptographische Techniken gesichert sind.

Durch den Einsatz von Kryptographie werden die Daten einer Kryptowährung gesichert, einschließlich der Transaktionen zwischen den Benutzern.

Kryptowährungen sind stets mit einer Blockchain verbunden, doch es gibt Unterschiede zwischen diesen Währungen. Einige Kryptowährungen, wie beispielsweise Bitcoin, verfügen über eine eigene Blockchain, auf der ihre Transaktionen verarbeitet werden. Andere hingegen nutzen bereits existierende Blockchains, um ihre Transaktionen abzuwickeln. Kryptowährungen, die über eine eigene Blockchain verfügen, werden oft als "Coins" bezeichnet, während solche, die auf bereits bestehenden Blockchains basieren, als "Tokens" bekannt sind.

4 Technologie

Die Technologie hinter Kryptowährungen unterscheidet sich grundlegend von herkömmlichem Fiat-Geld. Sie basiert auf einem dezentralen System und nutzt die Blockchain-Technologie.

Diese innovative Technologie verspricht höhere Sicherheit und Geschwindigkeit im Vergleich zu traditionellem Geld. Darüber hinaus bietet sie zahlreiche Vorteile für den Geldtransfer und eröffnet eine Vielzahl neuer Möglichkeiten.

Die Blockchain-Technologie revolutioniert nicht nur die Finanzwelt, sondern hat auch das Potenzial, viele andere Branchen zu transformieren, darunter Versicherungen, Logistik, Gesundheitswesen und mehr. Ihr dezentraler Charakter ermöglicht es, Vertrauen ohne die Notwendigkeit einer zentralen Autorität aufzubauen, was zu mehr Transparenz und Effizienz führt.

Die zunehmende Akzeptanz und Integration von Blockchain-Technologie in verschiedenen Sektoren zeigen, dass wir erst am Anfang einer spannenden „Reise“ stehen. Ihre Auswirkungen könnten weitreichend sein und das Fundament für eine neue Ära der digitalen Innovation legen.

4.1 Was ist die Blockchain

Das Wort "Blockchain" stammt aus dem Englischen und bedeutet Blockkette. Es bildet eine Kette aus verschiedenen Blöcken, die wie eine fortlaufende Datenbank funktioniert.

Jeder dieser Blöcke enthält Datensätze, die kontinuierlich erweitert werden. Diese Blöcke sind miteinander verbunden und bilden eine Art Kette, die durch kryptografische Verfahren gesichert ist.

Um die Sicherheit eines Blocks zu gewährleisten, enthält er einen Hash-Wert des vorherigen Blocks, der durch eine Streuwertfunktion erzeugt wird. Dadurch wird es äußerst unwahrscheinlich, einen identischen Block zu finden. Diese Methode gewährleistet ein hohes Maß an Sicherheit.

Wie in Abbildung 6 dargestellt, ist der Hash jedes Blocks im nächsten Block enthalten.

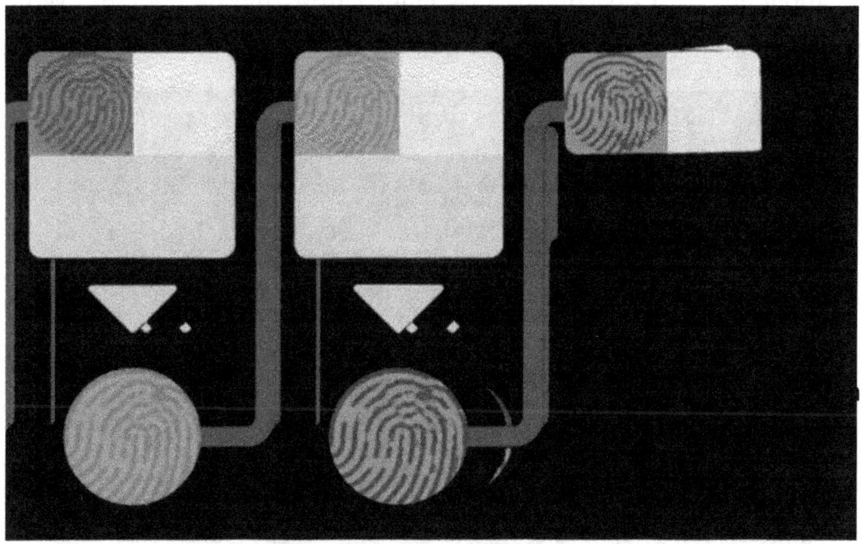

Abbildung 6: Hash-Funktion

Wenn man Informationen auf ihre Gültigkeit überprüfen möchte, ohne dabei die eigentlichen Informationen preiszugeben, ist ein Hash eine gute Lösung. Wenn man beispielsweise den Satz "Ich möchte in

Kryptowährungen investieren." in einen Hash umwandeln möchte, würde dies wie folgt aussehen: „4b309c11da95dd04eccbc1eb290ca7a3184191ec199d359ca0300488a 17dd802".

Die Kombination bleibt konstant, solange keine Änderungen vorgenommen werden. Dadurch wird die Informationssicherheit gewährleistet. Dieser Prozess ist auch beim Mining von Kryptowährungen äußerst bedeutend. Man kann ihn mit einem Fingerabdruck wie in Abbildung 5 vergleichen: Sobald eine kleine Veränderung auftritt, ändert sich auch der Fingerabdruck.

In Abbildung 7 ist ersichtlich, dass jeder Eintrag mit dem letzten Wort verknüpft ist.

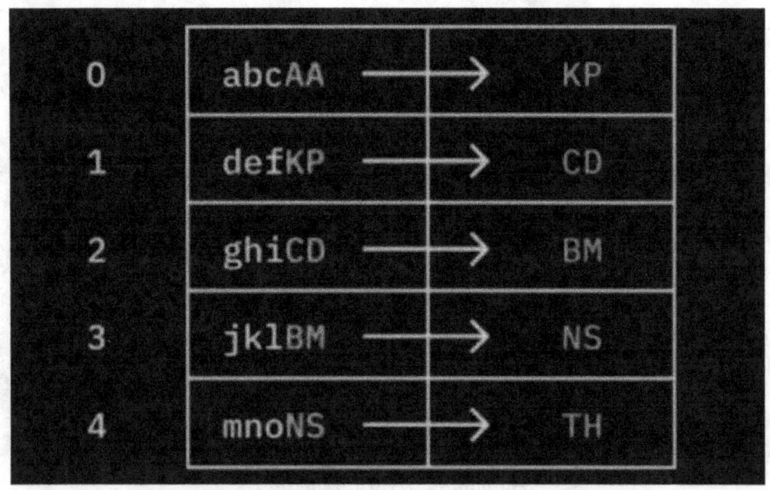

Abbildung 7: Datenbank mit verknüpften Wörtern

So funktioniert auch die Blockchain-Technologie. Wenn man den ersten Block aus Abbildung 6 ändern würde, der mit "abcAA" beginnt, müssten sich alle folgenden Zeilen ebenfalls ändern. Das ist jedoch nicht möglich, da jeder Block den "Fingerabdruck" des vorherigen Blocks enthält. Dieser Mechanismus fungiert wie ein Klebstoff, der die Blöcke miteinander verbindet und somit die Sicherheit gewährleistet. Obwohl es möglich ist, dass zwei verschiedene Daten dieselbe Ausgabe liefern, ist die Wahrscheinlichkeit dafür äußerst gering. Selbst eine kleine Änderung kann dazu führen, dass der Wert vollständig verändert wird. Ein Beispiel hierfür ist die Schreibweise des Wortes "Kryptowährungen", bei der allein das Verkleinern des Anfangsbuchstabens "K" das Ergebnis erheblich beeinflusst.

Kryptowährung (mit großem Anfangsbuschstaben):
d2d1695e174cc51c4d40a598b47e63508b4331ccd252289e0068314b1dff8857

kryptowährung (mit kleinem Anfangsbuchstaben):
4787f01d93f14323a184e3514df5168f5b3006880538848b1ca51dbc4394aaa1

Unter den bekanntesten und am weitesten verbreiteten Blockchains bezüglich Marktkapitalisierung und Netzwerknutzung befinden sich Bitcoin (BTC) und Ethereum (ETH). Diese beiden Blockchains weisen die höchsten Marktkapitalisierungen auf und verzeichnen das größte Transaktionsvolumen sowie die aktivsten Nutzergemeinschaften.
Weitere bedeutende Blockchains sind unter anderem Binance Smart Chain (BSC), Cardano (ADA), Solana (SOL) und Polkadot (DOT). Die Größe einer Blockchain wird anhand verschiedener Faktoren bestimmt, darunter die Anzahl der Benutzer, die Marktkapitalisierung, das Transaktionsvolumen und die Anzahl der aktiven Entwickler und Projekte.

Ein entscheidendes Element in der Welt der Kryptowährungen und Blockchain-Technologie sind Blockchain-Brücken. Sie dienen als Verbindungswege zwischen verschiedenen Blockchains und ermöglichen es, Vermögenswerte und Daten nahtlos zwischen ihnen zu transferieren. Diese Brücken spielen eine wichtige Rolle für die Kompatibilität und den Wert des gesamten Blockchain-Ökosystems. Im Folgenden werden wir näher auf die Bedeutung von Blockchain-Brücken eingehen und warum sie für die Entwicklung der Blockchain-Technologie von entscheidender Bedeutung sind.

In der Welt der Blockchain bezeichnet eine "Bridge" eine Verbindung zwischen zwei oder mehreren unabhängigen Blockchains. Diese Brücken fungieren als Schnittstellen, die es ermöglichen, Vermögenswerte oder Daten zwischen den verschiedenen Blockchains zu übertragen oder auszutauschen. Man kann sich eine Brücke zwischen zwei Inseln vorstellen, die es den Bewohnern jeder Insel ermöglicht, frei zwischen ihnen zu reisen. Auf ähnliche Weise ermöglichen Blockchain-Brücken den Nutzern den Transfer von Vermögenswerten oder Daten zwischen den verschiedenen Blockchains, was die Kompatibilität und den Wert des gesamten Blockchain-Ökosystems erhöht.

Eine Blockchain-Brücke ist wichtig, um die Kompatibilität zwischen verschiedenen Blockchains zu ermöglichen. Ohne Brücken könnten Vermögenswerte oder Daten, die in einer Blockchain gehalten werden, nicht nahtlos zwischen verschiedenen Blockchains transferiert werden. Dies begrenzt die Möglichkeiten für Anwendungen und Nutzungsszenarien von Blockchain-Technologien erheblich. Mit Brücken können Entwickler und Benutzer verschiedene Blockchains miteinander verbinden, was die Flexibilität und Funktionalität des gesamten Ökosystems verbessert.

Eine der bekanntesten und größten Blockchain-Brücken ist die Ethereum-Bridge. Ethereum ist eine der führenden Blockchains in Bezug auf Smart Contracts und dezentrale Anwendungen (DApps). Die Ethereum-Bridge ermöglicht es, Vermögenswerte zwischen Ethereum und anderen Blockchains, insbesondere solchen, die nicht direkt mit Ethereum kompatibel sind, zu übertragen. Dies erleichtert die Kompatibilität zwischen Ethereum und anderen Blockchain-Netzwerken und eröffnet eine Vielzahl von Anwendungsfällen und Nutzungsmöglichkeiten für Ethereum und seine Anwendungen.

Bei der Nutzung von Blockchain-Brücken spielen Gaspreise auch eine Rolle. Gaspreise sind die Kosten für die Ausführung von Transaktionen oder Smart Contracts auf einer Blockchain, insbesondere auf Ethereum. Wenn Benutzer eine Blockchain-Brücke nutzen, um Vermögenswerte zwischen verschiedenen Blockchains zu transferieren, müssen sie in der Regel Transaktionsgebühren zahlen, die als Gas bezeichnet werden. Die Höhe der Gasgebühren kann je nach Netzwerklast und Nachfrage variieren und beeinflusst die Gesamtkosten und die Geschwindigkeit der Transaktion über die Brücke. Niedrige Gaspreise können zu langsameren Transaktionszeiten führen, während hohe Gaspreise die Kosten für die Nutzung der Brücke erhöhen können.

4.1.1 Vorteile der Blockchain-Technologie

Die Blockchain-Technologie bietet eine Vielzahl von Vorteilen, die weit über ihre Anwendungsbereiche hinausgehen. Ein zentraler Aspekt ist der Datenschutz. Durch die dezentrale Struktur der Blockchain werden sensible Daten nicht an einem zentralen Ort gespeichert, sondern auf vielen verschiedenen Geräten in Form von Knoten. Dies gewährleistet ein hohes Maß an Sicherheit, da kein einzelner Punkt des Ausfalls oder der Manipulation vorhanden ist. Selbst wenn ein Knoten beschädigt wird, bleiben die Daten dank der Redundanz intakt und sicher.

Ein weiterer entscheidender Vorteil ist die Sicherheit. Einmal bestätigte und in Blöcken gespeicherte Transaktionen sind äußerst schwer zu ändern oder zu löschen. Dies liegt daran, dass jede Transaktion von einem Großteil der Knoten im Netzwerk verifiziert wird und somit eine hohe Redundanz und Unveränderlichkeit gewährleistet ist. Diese Merkmale machen die Blockchain zu einer äußerst stabilen Plattform für die Speicherung und den Austausch von Daten.

Ein weiterer wichtiger Aspekt ist die Eliminierung von Vermittlern oder Intermediären. In herkömmlichen Systemen sind oft Vermittler erforderlich, um Transaktionen zu überprüfen und abzuschließen. In der Blockchain erfolgt die Verifizierung von Transaktionen durch das Netzwerk selbst, was nicht nur die Effizienz erhöht, sondern auch die Gesamtkosten und Gebühren reduziert.

Dies führt zu einer direkteren und kostengünstigeren Interaktion zwischen den beteiligten Parteien. (Abbildung 8)

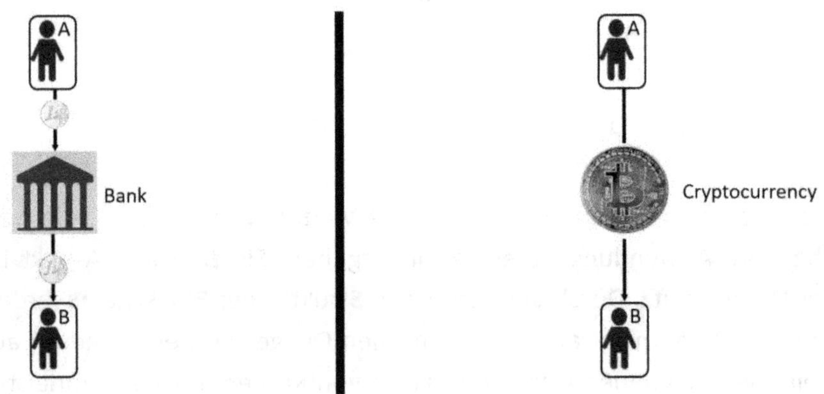

Abbildung 8: Ohne Vermittler

Darüber hinaus bietet die Blockchain-Technologie eine hohe Rückverfolgbarkeit, da alle Transaktionen transparent und öffentlich in der Blockchain verzeichnet sind. Dies ermöglicht es, die Echtheit von Daten zu überprüfen und potenzielle Schwachstellen oder Fehlerquellen zu identifizieren. Diese Transparenz und Rückverfolgbarkeit trägt auch dazu bei, betrügerische Aktivitäten zu verhindern und das Vertrauen der Nutzer in das System zu stärken.

Die Nutzung von Smart Contracts automatisiert Transaktionen und Geschäftsabläufe, was die Effizienz und Transparenz verbessert und Kosten senkt. Smart Contracts sind digitale Verträge, die auf Blockchain-Technologie basieren und programmierbare Codes darstellen. Diese Codes werden automatisch ausgeführt, wenn vordefinierte Bedingungen wie Zeitabläufe oder Zahlungen erfüllt sind. Die Automatisierung von Transaktionen und Geschäftsabläufen durch Smart Contracts erfolgt ohne Intermediäre also ohne Vermittler, was die Effizienz, Transparenz und Sicherheit erhöht. Ihre Unveränderlichkeit und Transparenz, da sie in einer dezentralen Blockchain gespeichert sind, stärken das Vertrauen der Beteiligten in den Vertragsprozess.
Die dezentrale Blockchain-Struktur eröffnet Menschen weltweit den Zugang zur Technologie, was einen globalen Austausch von Werten und Informationen ermöglicht und die wirtschaftliche Integration fördert.

Zusätzlich verwendet die Blockchain starke Verschlüsselungstechniken, um die Sicherheit der gespeicherten Daten und Transaktionen zu gewährleisten, was einen höheren Schutz vor Hackerangriffen und Datendiebstahl bietet.

Insgesamt machen diese Merkmale die Blockchain zu einer äußerst vielversprechenden und transformativen Technologie für eine Vielzahl von Anwendungen und Branchen.

Ein privater Schlüssel ist ein Instrument zur Sicherung und Authentifizierung von Transaktionen in der Blockchain. Daher kann ein privater Schlüssel als eine Art Vorteil betrachtet werden, da er es den Benutzern ermöglicht, ihre digitalen Vermögenswerte sicher zu verwalten und Transaktionen zu autorisieren.

4.1.2 Nachteile der Blockchain-Technologie

Die Blockchain-Technologie bietet zweifellos eine Vielzahl von Vorteilen, aber sie hat auch ihre Nachteile.

Ein wesentlicher Nachteil der Blockchain-Technologie ist der "51%-Angriff". Hierbei strebt ein Angreifer danach, mehr als die Hälfte der gesamten Rechenleistung im Netzwerk zu kontrollieren, was die Integrität der Blockchain gefährdet, indem er Transaktionen blockiert oder modifiziert. Ein solcher Angriff stellt eine ernste Gefahr dar, da der Angreifer möglicherweise die Blockchain beeinflussen kann, indem er falsche Transaktionen bestätigt oder sogar das Netzwerk dominiert, um die Regeln nach Belieben zu ändern oder Transaktionen rückgängig zu machen. Dadurch wird nicht nur das Vertrauen in die Blockchain erschüttert, sondern auch die Sicherheit des gesamten Systems gefährdet.

Die Unveränderlichkeit der Daten in der Blockchain kann ebenfalls problematisch sein, insbesondere bei einem "Hard Fork", der die Stabilität des Systems beeinträchtigen kann, wenn es zu Meinungsverschiedenheiten über die Netzwerkregeln kommt.

Die unsachgemäße Verwaltung privater Schlüssel stellt einen bedeutenden Nachteil dar, da der Verlust eines solchen Schlüssels den Zugang zu digitalen Vermögenswerten unwiderruflich blockieren kann. Der Verlust oder die Offenlegung eines privaten Schlüssels birgt erhebliche Risiken, da dies unbefugten Zugriff auf die damit verbundenen Vermögenswerte ermöglichen könnte. Infolgedessen könnte eine fehlerhafte Verwaltung oder Sicherung privater Schlüssel die Sicherheit der Benutzer erheblich gefährden.

Der enorme Energieverbrauch beim Mining von Kryptowährungen wirft nicht nur ökologische Bedenken auf, sondern verursacht auch hohe Kosten. Der wachsende Speicherplatzbedarf der Blockchain kann Knotenbetreiber vor die Herausforderung stellen, ausreichend Speicherplatz bereitzustellen, was zusätzliche Kosten und Risiken mit sich bringt.
Zusätzlich können Skalierbarkeitsprobleme auftreten, insbesondere bei öffentlichen Blockchains, was zu längeren Transaktionszeiten und höheren Gebühren führen kann.

Datenschutzprobleme können entstehen, da alle Transaktionen öffentlich und transparent sind, was sensiblen Informationen preisgeben kann. Die Unveränderlichkeit der Blockchain kann bei der Aktualisierung von Protokollen oder der Korrektur von Fehlern zu langsamen Entscheidungsprozessen führen.

Rechtliche Unsicherheiten aufgrund der neuartigen Natur der Technologie und regulatorischer Herausforderungen können die Akzeptanz und den Einsatz der Blockchain behindern. Diese zusätzlichen Nachteile verdeutlichen, dass die Blockchain-Technologie trotz ihrer Vorteile auch Herausforderungen mit sich bringt, die bei der Implementierung und Nutzung berücksichtigt werden müssen.

4.2 Sicherheit

Abbildung 9: Sicherheit extrem hoch KI

Kryptowährungen gelten dank der zugrunde liegenden Blockchain-Technologie und Kryptographie als äußerst sicher. Die dezentrale Struktur der Blockchain, bei der Transaktionshistorien auf vielen Computern verteilt sind, erschwert Angriffe und erhöht die Netzwerksicherheit.

Die Verwendung von Kryptographie ermöglicht eine robuste Verschlüsselung der Daten, während die Anwendung von Hash-Funktionen die Sicherheit weiter verbessert. Ein Hacker steht vor erheblichen Herausforderungen, eine Kryptowährung zu hacken, da er zunächst die komplexe

Verschlüsselung überwinden müsste, was als äußerst schwierig gilt. Selbst wenn ihm dies gelänge, wäre es äußerst schwierig, die Daten auf einer Vielzahl von Computern weltweit zu ändern oder zu löschen, aufgrund der dezentralen Natur der Blockchain und Mechanismen wie Hardforks. Die Sicherheit von Kryptowährungen wird zudem durch Konsensmechanismen wie Proof of Work (PoW) oder Proof of Stake (PoS) gestärkt. Diese Mechanismen erfordern die Zustimmung aller Netzwerkteilnehmer zur Validierung von Transaktionen und zur Hinzufügung neuer Blöcke zur Blockchain, was Manipulationen erschwert.

Es ist wichtig anzumerken, dass die Sicherheit von Kryptowährungen zwar stark ist, aber nicht absolut. Potenzielle Schwachstellen wie die Durchführung eines 51%-Angriffs oder die Ausnutzung von Sicherheitslücken in Kryptobörsen und Wallets könnten die Sicherheit beeinträchtigen. Dennoch bleibt die Sicherheit von Kryptowährungen und der Blockchain hoch, sofern angemessene Sicherheitsmaßnahmen getroffen und das Netzwerk aktiv überwacht und gewartet wird.

Ein Hardfork entsteht durch die dauerhafte Abspaltung der Blockchain, was zu zwei Versionen führt: einer Neuen und einer Alten. Diese Spaltung resultiert aus Meinungsverschiedenheiten über Protokoll- oder Regeländerungen, die die Nutzer in zwei Lager spalten. Diejenigen, die die Änderungen befürworten, nutzen die neue Version, während andere bei der alten bleiben, was zu zwei separaten Blockchains mit unterschiedlichen Regeln führt. Hardforks können positive, wie technologische Verbesserungen und Innovationen, sowie negative Auswirkungen haben, wie Netzwerkunsicherheit und Fragmentierung der Gemeinschaft. Sie treten aufgrund von Diskussionen und Debatten innerhalb der Gemeinschaft auf, insbesondere bei Protokoll- oder Regeländerungen. Wenn keine Einigung erzielt wird, führt dies zu einer Spaltung der Blockchain.

Die Implementierung eines Hardforks erfordert Zeit und Ressourcen, was zusätzliche Kosten verursachen kann.

Kryptowährungen sind im Allgemeinen sicher und ihre Sicherheit hängt von verschiedenen Faktoren ab, einschließlich der zugrunde liegenden Blockchain-Technologie und der implementierten Sicherheitsmaßnahmen. Trotzdem bleibt das Risiko, dass Cyberkriminelle erheblichen Schaden anrichten könnten. Für den Handel mit Kryptowährungen sind Online-Börsen wie Binance, Bitget, Poloniex, Kraken usw. unverzichtbar. Obwohl digitale Coins Sicherheitsvorkehrungen wie die Zwei-Faktor-Authentifizierung erfordern, sind Kryptowährungsbörsen anfällig für Angriffe.

Internetkriminelle oder Hacker könnten eine solche Börse hacken und Kryptowährungen im Wert von Millionen Euro oder Dollar stehlen. Daher sollten Sicherheitsbedenken eine wichtige Rolle bei der Auswahl einer Kryptowährungsbörse spielen. Vergangene Vorfälle haben gezeigt, dass Sicherheitsverletzungen den Ruf und die Sicherheit von Kryptowährungen beeinträchtigen können.

Im Jahr 2014 erlitt die Krypto-Börse Mt. Gox einen massiven Diebstahl von rund 850.000 Bitcoins, was zu einem Verlust von mehreren Milliarden Dollar führte.

Zwei Jahre später wurde Bitfinex Opfer eines ähnlichen Angriffs, bei dem Hacker rund 120.000 Bitcoins stahlen, was zu diesem Zeitpunkt etwa 72 Millionen US-Dollar entsprach.

Ebenfalls betroffen war die japanische Börse Coincheck im Jahr 2018, als rund 523 Millionen NEM (XEM) gestohlen wurden, was etwa 534 Millionen US-Dollar entsprach.

Das dezentrale Finanzprotokoll Poly Network wurde 2021 Opfer eines Hackerangriffs, bei dem Kryptowährungen im Wert von über 600 Millionen US-Dollar gestohlen wurden.

Zuletzt wurde im Jahr 2022 die Ethereum-Sidechain Ronin Network, die für das Spiel Axie Infinity genutzt wird, gehackt, wobei Kryptowährungen im Wert von 620 Millionen US-Dollar gestohlen wurden. Das war einer der größten Diebstähle in der Geschichte der Kryptowährungen.

Die sichere Aufbewahrung von Kryptowährungen außerhalb des Handels hängt entscheidend von Kryptowährungs-Wallets ab. Trotz ihrer Wichtigkeit sind sie anfällig für Hackerangriffe, was zu finanziellen Verlusten führen kann. Daher wird viel in ihre Sicherheit investiert, einschließlich modernster Verschlüsselungstechnologien und mehrstufiger Authentifizierung. Allerdings kann ein zu starker Fokus auf Sicherheit die Benutzerfreundlichkeit beeinträchtigen. Daher ist ein ausgewogenes Verhältnis zwischen Sicherheit und Benutzererfahrung von großer Bedeutung.

4.3 Transaktionen

Eine Transaktion erfolgt, wenn Kryptowährungen den Besitzer wechseln, sei es durch Senden oder Empfangen von Coins. Jeder Schritt des Coin-Transfers wird detailliert in der Blockchain dokumentiert, was ihre Vertrauenswürdigkeit und Zuverlässigkeit gewährleisten.
Um eine Transaktion durchzuführen, benötigen die Teilnehmer eine Wallet, in der die gesendeten Kryptowährungen gespeichert werden. In einer Transaktion sind die Transaktionsadresse des Empfängers, die des Absenders, Transaktionsgebühren, der Hash und die gesendete Coin-Menge enthalten. Jede Transaktion enthält auch Informationen zur Herkunft der Daten, um die Unversehrtheit der Blockchain sicherzustellen. Basierend auf diesen Daten und Adressen leiten andere Teilnehmer die

Coins weiter und das System überprüft die Transaktion auf ihre Genehmigung.

Die meisten Kryptowährungen nutzen ein Peer-to-Peer-Netzwerk für Transaktionen, was den direkten Austausch zwischen den Parteien ohne Zwischenhändler ermöglicht. Dabei ist kein Login auf einem zentralen Server erforderlich, da die Transaktionen direkt an die Peers, also gleichgestellte Teilnehmer, gesendet werden. Dieses System verzichtet auf einen zentralen Server, da jeder Knotenpunkt im Netzwerk eine Kopie der Dateien besitzt. Die Knotenpunkte können Dateien untereinander austauschen, wodurch sie als Verbindungspunkte fungieren. Nach der Datenverarbeitung werden die Informationen an andere Computer im Netzwerk weitergeleitet.
In Abbildung 10 wird veranschaulicht, wie das Peer-to-Peer-Netzwerk funktioniert. Im zentralisierten Netzwerk (links) ist ein zentraler Server erkennbar, während im dezentralisierten Netzwerk (rechts) der direkte Austausch von Peer zu Peer erfolgt.

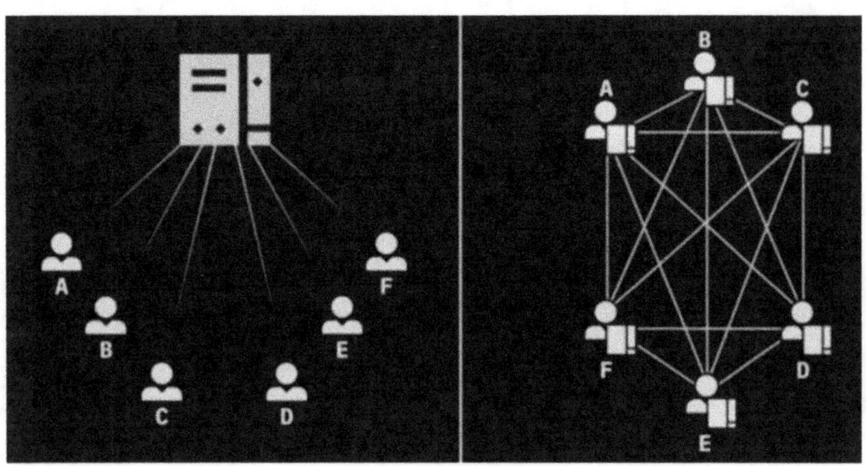

Abbildung 10: Ein zentralisiertes Netzwerk (links) vs. ein dezentralisiertes Netzwerk (rechts)

Die Transaktion einer Kryptowährung unterscheidet sich von der Transaktion mit Fiat-Währungen. Im Gegensatz zum Peer-to-Peer-Netzwerk bei Kryptowährungen, sind Fiat-Währungen in einem zentralisierten Netzwerk organisiert, was das Vertrauen in einen Dritten erfordert. Ein solcher Vermittler könnte eine Bank sein, die die Transaktionen kontrolliert und überwacht, um sicherzustellen, dass alles korrekt abläuft. Fiat-Währungen sind offizielle Währungen, die von Regierungen ausgegeben werden und ihren Wert aus dem Vertrauen und der Akzeptanz der Menschen ableiten, anstatt einen inneren Wert zu besitzen. Beispiele hierfür sind der US-Dollar, der Euro oder der japanische Yen.

4.3.1 Vorteile eines Peer-to-Peer Netzwerks

Das Peer-to-Peer-System bietet zahlreiche Vorteile, insbesondere in Bezug auf Sicherheit. Durch direkte Transaktionen zwischen den Teilnehmern sind P2P-Netzwerke oft besser geschützt vor Angriffen und Manipulationen. Die Vielzahl an Knotenpunkten macht das System im Wesentlichen immun gegen verschiedene Angriffsarten. Potenzielle Angreifer finden es äußerst schwierig, Änderungen vorzunehmen oder Daten zu löschen, da es keine zentrale Schwachstelle gibt. Dies trägt erheblich zur Sicherheit des Systems bei.

Die Mehrheitskonsensanforderung besagt, dass Änderungen im Netzwerk nur dann stattfinden können, wenn die Mehrheit der Teilnehmer zustimmt. Das schützt das Netzwerk vor betrügerischen Änderungen und sorgt dafür, dass Transaktionen sicher sind. Verschiedene Methoden wie Proof-of-Work oder Proof-of-Stake werden verwendet, um sicherzustellen, dass die Mehrheit der Teilnehmer einer Änderung zustimmt, bevor sie akzeptiert wird.

Kryptowährungen sind durch ihr Peer-to-Peer-System gegen Zensur durch zentrale Behörden geschützt. Im Peer-to-Peer-Netzwerk können Transaktionen direkt zwischen den Teilnehmern stattfinden, ohne dass eine zentrale Stelle eingreifen kann. Daher bleiben Kryptowährungen auch dann zugänglich, wenn Behörden versuchen, sie zu kontrollieren oder zu blockieren.

Ein weiterer Vorteil ist die Dezentralisierung. In diesem Zusammenhang bedeutet Dezentralisierung, dass keine einzelne Person oder Institution die volle Kontrolle über das gesamte Netzwerk hat. Stattdessen wird die Kontrolle auf viele verschiedene Personen oder Einheiten verteilt. Diese Art der Organisation fördert die Demokratie, da Entscheidungen gemeinsam getroffen werden können, und die Unabhängigkeit, da das Netzwerk nicht von einer zentralen Autorität abhängig ist. In einem Peer-to-Peer-Netzwerk für Kryptowährungen bedeutet dies, dass Transaktionen direkt zwischen den Teilnehmern stattfinden können, ohne dass eine Bank oder Regierung als Vermittler eingreifen muss.

Ein Vorteil sind auch die geringere Transaktionskosten. Durch die Beseitigung von Vermittlern oder Zwischenhändlern können P2P-Netzwerke Transaktionen zu niedrigeren Kosten durchführen, da keine Gebühren für Intermediäre anfallen.

Ebenfalls zu erwähnen sind die schnellen Transaktionen. Da Transaktionen direkt zwischen den Teilnehmern erfolgen, können sie in der Regel schneller abgewickelt werden als in traditionellen Finanzsystemen, in denen mehrere Zwischenschritte erforderlich sind.

Die Anonymität ebenso sehr bedeutend. P2P-Netzwerke bieten oft ein hohes Maß an Anonymität für Benutzer, da Transaktionen nicht mit persönlichen Identifikationsdaten verknüpft sind und keine zentrale Aufsichtsbehörde die Benutzeraktivitäten überwacht.

Die Resilienz sollte auch betont werden. Durch die dezentrale Natur eines P2P-Netzwerks ist es widerstandsfähiger gegen Ausfälle oder Angriffe. Selbst wenn einige Knoten im Netzwerk ausfallen oder kompromittiert werden, können andere Knoten weiterhin funktionieren und Transaktionen verarbeiten.

Die Innovation kann man genauso als Vorteil sehen. P2P-Netzwerke fördern die Innovation, da sie Entwicklern und Benutzern die Möglichkeit bieten, neue Anwendungen und Dienste auf der Grundlage des Netzwerks zu erstellen und zu nutzen, ohne auf die Zustimmung oder Kontrolle einer zentralen Autorität angewiesen zu sein.

Insgesamt bieten Peer-to-Peer-Netzwerke eine Vielzahl von Vorteilen für Kryptowährungen, einschließlich Sicherheit, Mehrheitskonsensanforderung, frei von Zensur, Dezentralisierung, niedrigeren Transaktionskosten, schnelleren Transaktionen, Anonymität, Resilienz und Innovationsmöglichkeiten. Außerdem hat man sehr viele Möglichkeiten mit diesem Netzwerk zu arbeiten.

Wie man in der Abbildung 11 sehen kann, ist das Peer-to-Peer Netzwerk sehr einfach bedienbar. Mit einem Smartphone ist so eine Transkation möglich.

Abbildung 11: Transaktion mit Hilfe eines Smartphones

4.3.2 Nachteile eines Peer-to-Peer Netzwerks

Neben den Vorteilen gibt es auch Einschränkungen zu beachten. Da es keinen zentralen Server gibt, müssen die verteilten Ledgers (Kassenbücher) durch die vielen Nodes aktualisiert werden, um sicherzustellen, dass alle Computer synchronisiert sind. Dies erfordert erhebliche Rechenleistung und kann die Skalierbarkeit des Systems beeinträchtigen.
Ein Problem der Skalierbarkeit ergibt sich aus der Anforderung, dass alle Teilnehmer Transaktionen validieren und speichern müssen. Dies kann dazu führen, dass Peer-to-Peer-Netzwerke Schwierigkeiten haben, mit einer wachsenden Anzahl von Benutzern und Transaktionen umzugehen. Als Folge können Transaktionen verzögert werden und die Netzwerkgeschwindigkeit kann beeinträchtigt werden.

Ein weiterer Nachteil sind potenzielle Angriffe, die, während eines Hard Forks auftreten können. Bei einem Hard Fork besteht die Möglichkeit, dass Nodes bestimmte Codes kopieren und modifizieren.

Ein hoher Ressourcenverbrauch zählt auch zu den Nachteilen. Die Teilnahme an einem P2P-Netzwerk erfordert in der Regel eine erhebliche Menge an Rechenleistung und Bandbreite, um Transaktionen zu validieren und zu übertragen. Dies kann zu höheren Betriebskosten für die Netzwerkteilnehmer führen und den Zugang für Benutzer mit begrenzten Ressourcen einschränken.

Noch ein Nachteil sind die Sicherheitsrisiken. Obwohl P2P-Netzwerke eine höhere Widerstandsfähigkeit gegenüber Angriffen aufweisen können, sind sie dennoch anfällig für bestimmte Sicherheitsrisiken wie Peer-to-Peer-Angriffe, Malware-Infektionen und betrügerische Aktivitäten innerhalb des Netzwerks.

Die Komplexität der Benutzerinteraktion kann ebenfalls als Nachteil gesehen werden. Die Verwendung von P2P-Netzwerken für Kryptowährungen erfordert oft technisches Know-how und ein Verständnis für die Funktionsweise des Netzwerks, was für weniger erfahrene Benutzer eine Hürde darstellen kann.

Regulatorische Bedenken können auch als Nachteil gesehen werden. Die dezentrale Natur von P2P-Netzwerken kann regulatorische Bedenken hervorrufen, insbesondere in Bezug auf Anti-Geldwäsche- und Know-Your-Customer-Vorschriften. Dies kann zu rechtlichen Unsicherheiten und regulatorischen Herausforderungen für die Netzwerkteilnehmer führen.

Es ist wichtig, diese Aspekte zu berücksichtigen und angemessene Maßnahmen zu ergreifen, um die Vorteile zu maximieren und die Nachteile zu minimieren, um die Effektivität und Sicherheit des Netzwerks zu gewährleisten.
Zusammenfassend bieten P2P-Netzwerke für Kryptowährungen sowohl Vor- als auch Nachteile. Während sie eine dezentrale und resistente Alternative zu zentralisierten Systemen darstellen, sind sie gleichzeitig anfällig für Skalierbarkeitsprobleme und Sicherheitsrisiken.

4.4 Mining

Abbildung 12: Bitcoin Mining

Das "Minen" oder "Schürfen" bezeichnet den Prozess der Erstellung eines Coins, auch bekannt als die "Geburt". Dabei werden der Bitcoin-Blockchain weitere Blöcke hinzugefügt.

Allerdings ist die Herstellung nicht einfach. Es werden ein leistungsstarker Computer (je mehr Rechenleistung, desto höher die Chancen, Bitcoin zu schürfen), eine geeignete Grafikkarte, Mining-Software und eine beträchtliche Menge an Strom benötigt.

Abbildung 13: Mining Farm

Laut einer Studie der University of Cambridge aus dem Jahr 2021 wurde festgestellt, dass der Energieverbrauch für das Mining von Kryptowährungen, insbesondere Bitcoin, beträchtlich ist. Tatsächlich wurde geschätzt, dass der jährliche Stromverbrauch für das Mining von Bitcoin weltweit höher ist als der Energieverbrauch einiger Länder mit Millionen von Einwohnern, darunter die Niederlande mit über 17 Millionen Einwohnern. Dies verdeutlicht die erheblichen Auswirkungen des Proof-of-Work-Konsensmechanismus auf die Energieinfrastruktur. Der hohe Energieverbrauch resultiert aus der Notwendigkeit, komplexe mathematische Aufgaben zu lösen, um Kryptowährungen wie Bitcoin zu schürfen. Diese Aufgaben werden immer komplexer, was zu einem erhöhten Energieverbrauch führt. Zuerst gab es nur den Proof of Work (PoW)-Konsensmechanismus, der von Bitcoin eingeführt wurde. Dieser Mechanismus erfordert, dass Miner komplexe mathematische Probleme lösen, um Transaktionen zu validieren und neue Blöcke zur Blockchain hinzuzufügen. Mit der Zeit wurden jedoch die Nachteile von PoW, wie der hohe Energieverbrauch und die begrenzte Skalierbarkeit, deutlich. Als Antwort darauf wurde der Proof of Stake (PoS)-Konsensmechanismus entwickelt.

Im Gegensatz zu PoW basiert PoS nicht auf dem Wettbewerb um Rechenleistung, sondern auf dem Besitz von Kryptowährung. Beim Proof of Stake (PoS) Protokoll setzen Teilnehmer ihre Kryptowährung als Einsatz ein, um Transaktionen zu validieren und neue Blöcke zu generieren. Dieser Prozess, bekannt als Staking, umfasst das Halten von Kryptowährungsbeständen in einer Wallet, um das Netzwerk zu unterstützen und die Integrität der Blockchain zu gewährleisten. Durch das Staking tragen Benutzer aktiv zur Sicherheit und Funktionalität des Netzwerks bei.

Im Gegenzug für ihr Engagement im Staking erhalten die Benutzer Belohnungen in Form von neuen Coins oder Transaktionsgebühren. Diese Belohnungen dienen als Anreiz für Benutzer, ihre Kryptowährungen zu halten und am Staking teilzunehmen. Auf diese Weise können die Benutzer passives Einkommen generieren, während sie gleichzeitig dazu beitragen, die Effizienz und Sicherheit des Netzwerks zu verbessern.
Durch das Staking wird das Vertrauen in das Netzwerk gestärkt, da es die Dezentralisierung fördert und die Möglichkeit von Angriffen verringert. Es ist eine wichtige Komponente vieler Proof-of-Stake-Blockchain-

Netzwerke und trägt wesentlich zur Stabilität und Funktionalität der Kryptowährungen bei, die dieses Protokoll verwenden.
PoS erfordert weniger Energie und kann die Skalierbarkeit verbessern, indem es die Auswahl der Validatoren auf Basis ihres Anteils an der Kryptowährung ermöglicht.
Beide Mechanismen, PoW und PoS, dienen dem Zweck, die Integrität und Sicherheit des Netzwerks zu gewährleisten. Während PoW der ältere und ursprüngliche Konsensmechanismus ist, der mit einem höheren Energieverbrauch verbunden ist, stellt PoS eine alternative Methode dar, die energieeffizienter ist und die Skalierbarkeit verbessern kann.

Proof of Burn (PoB) ist ein alternativer Konsensmechanismus, der in einigen Kryptowährungsprojekten angewendet wird. Bei PoB werden Coins oder Token gezielt durch den Transfer an einer nicht wiederherstellbaren Adresse "verbrannt". Dadurch werden diese Coins oder Token aus dem Umlauf genommen und können nicht mehr verwendet werden.

Der Proof of Burn-Mechanismus zielt darauf ab, das Vertrauen und die Sicherheit im Netzwerk zu stärken, indem die Teilnehmer einen finanziellen Einsatz erbringen, um das Recht zur Validierung von Blöcken oder zum Empfang von Belohnungen zu erlangen. Im Gegensatz zu PoW oder PoS hängt bei PoB die Teilnahme am Netzwerk nicht von der Rechenleistung oder dem Besitz von Kryptowährung ab, sondern von der Menge der verbrannten Coins oder Token.

Obwohl Proof of Burn nicht so weit verbreitet ist wie PoW oder PoS, wird es dennoch von einigen Kryptowährungsprojekten als Konsensmechanismus genutzt, um verschiedene Ziele wie die Verteilung von Coins, die Sicherheit des Netzwerks oder die Förderung der Nutzung zu erreichen.

Es gibt auch viele andere Konsensmechanismen, die von verschiedenen Blockchain-Projekten entwickelt und implementiert wurden, um unterschiedliche Anforderungen und Ziele zu erfüllen. Jeder Konsensmechanismus hat seine eigenen Vor- und Nachteile und eignet sich für verschiedene Anwendungsfälle und Netzwerkumgebungen.

Darüber hinaus dienen Miner der Verifizierung und Verarbeitung von Transaktionen zwischen Benutzern, die dann in die Blockchain aufgenommen werden. Hierbei verdienen die Miner auch Transaktionsgebühren. Die Anzahl der Coins einer Kryptowährung wie Bitcoin ist begrenzt, um Inflation zu verhindern. Einige Kryptowährungen haben ihre maximale Stückzahl bereits erreicht, während andere noch geschürft werden.

Zum Beispiel soll es insgesamt 21 Millionen Bitcoins geben, von denen bereits über 19,5 Millionen geschürft wurden. Nach einer bestimmten Anzahl von geschürften Blöcken findet ein Halving statt. Das bedeutet, dass die Miner nur noch die Hälfte dessen schürfen können, was sie vor dem Halving geschürft haben, was wiederum zu einer Halbierung der Miner-Belohnung (Block Subsidy) führt. Das hilft, die Anzahl neuer Bitcoins zu kontrollieren und ihren Wert zu schützen.

Dieses Kontrollieren ist ein eingebautes Protokollmerkmal, das automatisch in der Bitcoin-Blockchain umgesetzt wird. Indem weniger Bitcoins produziert werden, wird ihre Knappheit erhöht, was sie wertvoller macht. Das Halving findet etwa alle vier Jahre statt und wird fortgesetzt, bis eine bestimmte Menge an Bitcoins erreicht ist. Das macht Bitcoin zu einem immer begehrteren Vermögenswert und kann unter anderem dazu führen, dass der Wert von Bitcoins steigt und vor Inflation geschützt wird. Aufgrund der zunehmenden Knappheit von Bitcoin steigt seine langfristige Werthaltigkeit kontinuierlich, was seine Rolle als digitales Gold weiter unterstreicht. Das Halving ist Teil des Bitcoin-Protokolls und wurde von Satoshi Nakamoto, dem Schöpfer von Bitcoin, in das System integriert.

Es wird erwartet, dass im Jahr 2140 der letzte Bitcoin gemined wird, da zu diesem Zeitpunkt alle 21 Millionen, im Protokoll festgelegten Bitcoins, abgebaut sein werden. Der entsprechende Block wird Block 6.929.999 sein.

Diese Funktion ist Teil des Bitcoin-Protokolls und trägt zur Knappheit und langfristigen Wertbeständigkeit bei. Alle 10 Minuten entsteht ein neuer Block im Bitcoin-Netzwerk. Die maximale Anzahl an Bitcoins, die jemals existieren werden, ist durch die Blockhöhe und die Blockbelohnung festgelegt.

Die Blockbelohnung begann bei 50 BTC und wird alle 210.000 Blöcke halbiert. Ursprünglich hätte dies zu einer Gesamtzahl von 21 Millionen Bitcoins geführt, aber aufgrund einer Beschränkung in der Blockchain-Datenstruktur wird die tatsächliche maximale Anzahl etwas geringer sein, nämlich 20.999.999,9769.

Das folgende Diagramm veranschaulicht die Entwicklung der Bitcoin-Miner-Belohnungen im Laufe der Zeit. Beginnend im Jahr 2009, als Bitcoin erstmals eingeführt wurde, erhielten Miner eine Belohnung von 50 BTC für das erfolgreiche Schürfen eines Blocks.

Alle vier Jahre findet das "Halving" statt, bei dem die Miner-Belohnung halbiert wird. Dieses Diagramm zeigt die Halvings und die entsprechenden Belohnungen bis zum Jahr 2028.

Man muss beachten, dass die Belohnungen weiterhin halbiert werden, bis voraussichtlich im Jahr 2140 die maximale Anzahl von Bitcoins von 21 Millionen erreicht ist.

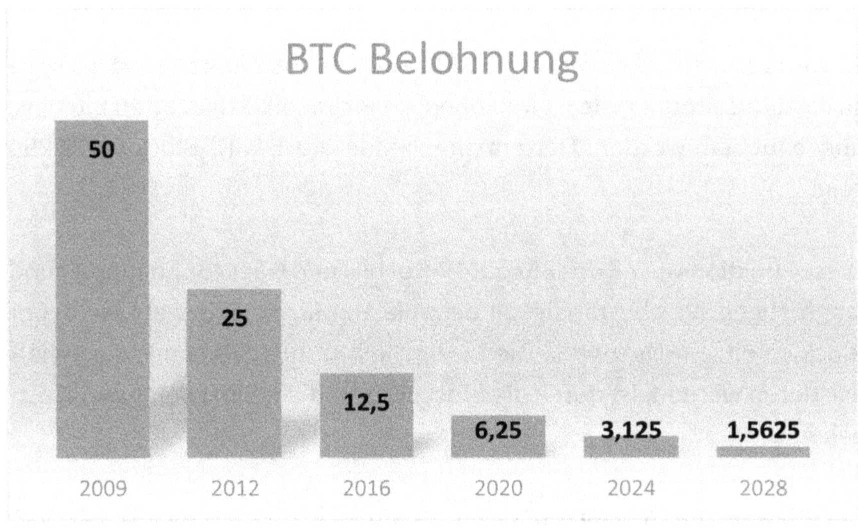

Diagramm 1: BTC-Belohnung

4.5 Wallet

Eine Kryptowährungs-Wallet, auch als Brieftasche oder Geldbeutel bezeichnet, ist im Wesentlichen eine digitale Anwendung oder ein Gerät, das es einem ermöglicht, seine Kryptowährungen sicher aufzubewahren und zu verwalten. Sie fungiert als Schnittstelle zwischen dem Nutzer und der Blockchain, dem dezentralen Netzwerk, das Kryptowährungen unterstützt. In einer Wallet werden die privaten Schlüssel gespeichert, die es dem Nutzer ermöglichen, auf seine Kryptowährungsbestände zuzugreifen und Transaktionen durchzuführen. Diese privaten Schlüssel sind

äußerst sensibel und sollten daher sicher aufbewahrt werden. Im Falle eines Diebstahls oder Verlusts der Wallet können die darin gespeicherten Kryptowährungen nicht wiederhergestellt werden, da es keine zentrale Behörde gibt, die den Zugriff auf Konten regelt.
Es gibt verschiedene Arten von Wallets, darunter sogenannte Cold Wallets, die offline aufbewahrt werden und einen höheren Grad an Sicherheit bieten, sowie Hot Wallets, die mit dem Internet verbunden sind und für den schnellen Zugriff auf Kryptowährungen verwendet werden können. Egal für welche Art von Wallet man sich entscheidet, es ist wichtig, angemessene Sicherheitsvorkehrungen zu treffen und die privaten Schlüssel sorgfältig zu schützen, um unbefugten Zugriff zu verhindern.
Eine Wallet kann entweder eine Softwareanwendung, ein Online-Dienst oder ein physisches Gerät sein. Sie bietet die Möglichkeit, Kryptowährungen sicher zu speichern, zu verwalten und Transaktionen durchzuführen. Neben Cold Wallets und Hot Wallets gibt es auch andere Arten von Wallets, wie Hardware-Wallets und Papier-Wallets, die jeweils unterschiedliche Sicherheitsstufen und Funktionen bieten. Letztendlich ist eine Wallet von entscheidender Bedeutung, um die Sicherheit und den Zugriff auf Kryptowährungen zu gewährleisten.

Cold Wallet

Eine Cold Wallet ist eine Wallet für Kryptowährungen, die nicht mit dem Internet verbunden ist, um ein höheres Sicherheitsniveau zu gewährleisten. Im Grunde genommen handelt es sich dabei um eine Methode, Kryptowährungen offline zu speichern und sie so vor Online-Bedrohungen, wie Hackerangriffen, zu schützen.

Aufgrund ihres höheren Sicherheitsniveaus, im Vergleich zu Hot Wallets, die mit dem Internet verbunden sind, eignen sich Cold Wallets gut für

die langfristige Aufbewahrung großer Mengen an Kryptowährungen. Allerdings sind sie weniger praktisch für den täglichen Gebrauch, da sie keinen schnellen Zugriff auf die gespeicherten Mittel ermöglichen.
Eine Cold Wallet wird verwendet, um bereits generierte private Schlüssel sicher offline zu speichern und zu verwalten, um so ein höheres Maß an Sicherheit zu gewährleisten, da sie nicht mit dem Internet verbunden ist. Somit bieten sie eine hohe Sicherheit und ist weniger anfällig für Hacking-Angriffe oder Malware-Infektionen. Sie schützt private Schlüssel vor Online-Bedrohungen wie Phishing-Angriffen, da diese offline generiert und gespeichert werden. Daher eignen sich Cold Wallets gut für die langfristige Aufbewahrung großer Kryptowährungsmengen.

Allerdings ist der Zugriff auf Cold Wallets langsamer und komplizierter im Vergleich zu Hot Wallets, da sie offline sind. Zudem besteht die Gefahr des dauerhaften Verlusts des Zugriffs auf die darin gespeicherten Kryptowährungen, wenn die physische Cold Wallet verloren geht, gestohlen oder beschädigt wird. Ein weiterer Nachteil sind mögliche Kosten, insbesondere bei Hardware-Wallets, die eine zusätzliche Investition erfordern können.

Abbildung 14: verschiedene Cold Wallets

Hot Wallet

Eine Hot Wallet ist eine Form von Kryptowährungs-Wallet, die online oder mit dem Internet verbunden ist. Im Gegensatz zu Cold Wallets, die offline sind und als sicherer gelten, bleiben Hot Wallets kontinuierlich mit dem Internet verbunden.
Hot Wallets bieten einen schnellen und bequemen Zugang zu Kryptowährungen, da sie sofortigen Online-Zugriff ermöglichen. Sie werden oft für den alltäglichen Gebrauch und Transaktionen eingesetzt, die eine schnelle Reaktionszeit erfordern, wie beispielsweise Handel, Online-Käufe oder andere Internet-Transaktionen.
Aufgrund ihrer Online-Natur sind Hot Wallets jedoch anfälliger für Hackerangriffe, Malware oder Phishing-Angriffe, was das Risiko eines Diebstahls oder einer Kompromittierung der in der Wallet gespeicherten Vermögenswerte im Vergleich zu Cold Wallets erhöht.
Hot Wallets werden in der Regel von Kryptobörsen, Wallet-Services oder anderen Online-Plattformen bereitgestellt, die Benutzern einen einfachen Zugang zu ihren Kryptowährungen ermöglichen möchten. Es ist jedoch wichtig zu betonen, dass die Sicherheit von Hot Wallets maßgeblich von den Sicherheitsmaßnahmen des Anbieters sowie der Verantwortung des Benutzers für die Aufbewahrung seiner privaten Schlüssel abhängt.

Hot Wallets ermöglichen einen bequemen Zugriff auf die darin gespeicherten Kryptowährungen, da sie online sind und einen schnellen und einfachen Zugang bieten. Sie sind ideal für den täglichen Gebrauch und ermöglichen schnelle Transaktionen. Zusätzlich bieten sie oft eine breite Palette von Funktionen und Integrationen mit anderen Diensten und Plattformen, was ihre vielseitige Nutzung für Handel, Staking und andere Kryptoaktivitäten erleichtert. Durch den sofortigen Zugriff auf ihre

Kryptowährungen können Benutzer mit Hot Wallets zudem schnell auf Marktbewegungen reagieren und Transaktionen in Echtzeit durchführen.

Abbildung 15: Logos von verschiedenen Hot-Wallets

4.6 Rechtliche Aspekte von Kryptowährungs-Wallets

Kryptowährungs-Wallets bieten mehrere Vorteile, darunter die Unmöglichkeit ihrer Beschlagnahmung oder Sperrung durch Regierungen im Gegensatz zu traditionellen Bankkonten, die staatlichen Eingriffen unterliegen können. Die dezentrale Struktur von Kryptowährungen verleiht ihnen eine gewisse Immunität gegen staatliche Interventionen.

Obwohl Kryptowährungen von staatlichen Eingriffen unabhängig sind, können in einigen Ländern Gesetze und Vorschriften existieren, die den Behörden Zugang zu bestimmten Wallets ermöglichen oder ihre Überwachung erlauben. Dies kann aufgrund von Anti-Geldwäsche-Gesetzen oder Maßnahmen zur Terrorismusbekämpfung geschehen, die es den Behörden erlauben, Transaktionen zu überwachen oder zu blockieren, die mit verdächtigen Wallets in Verbindung stehen.

Unter bestimmten Umständen könnten auch gerichtliche Anordnungen oder laufende strafrechtliche Untersuchungen dazu führen, dass eine Wallet eingefroren oder beschlagnahmt wird, insbesondere wenn sie in illegale Aktivitäten verwickelt ist oder wenn die Vermögenswerte im Rahmen eines Rechtsstreits oder einer gerichtlichen Verfügung eingefroren werden sollen.

Kryptowährungs-Wallets bieten eine gewisse Autonomie und Sicherheit, sind jedoch bestimmten rechtlichen Risiken und Einschränkungen unterworfen.

Unternehmen, die Kryptowährungs-Wallets anbieten oder damit handeln, unterliegen oft Compliance-Anforderungen wie KYC (Know Your Customer) und AML (Anti Money Laundering), die von Regierungsbehörden auferlegt werden, um Geldwäsche und andere illegale Aktivitäten zu bekämpfen. Die rechtliche Haftung im Zusammenhang mit Kryptowährungs-Wallets kann je nach Situation variieren.

Wallet-Anbieter können für Sicherheitslücken oder Verluste haftbar gemacht werden, insbesondere wenn sie grob fahrlässig handeln. Benutzer könnten ebenfalls rechtlich zur Verantwortung gezogen werden für betrügerische Transaktionen oder den Verlust ihrer privaten Schlüssel.

Die rechtlichen Rahmenbedingungen für Kryptowährungen und Wallets unterliegen einem ständigen Wandel und könnten sich, je nach regulatorischen Entwicklungen in verschiedenen Ländern, ändern. Neue Gesetze, Verordnungen oder Gerichtsurteile könnten sich auf die Nutzung und den Betrieb von Kryptowährungs-Wallets auswirken und deren rechtliche Lage beeinflussen.

Da Kryptowährungen grenzunabhängig gehandelt werden können, könnte die rechtliche Behandlung von Wallets auch internationale Aspekte umfassen. Die Zusammenarbeit zwischen verschiedenen Ländern und Regierungen könnte erforderlich sein, um konsistente und koordinierte Regulierungsansätze zu entwickeln und durchzusetzen.

Zusammenfassend ist es wichtig zu erkennen, dass Kryptowährungs-Wallets nicht nur technologische Instrumente sind, sondern auch rechtliche Implikationen mit sich bringen. Die Dezentralisierung und Sicherheit, die sie bieten, stehen im Kontrast zu den rechtlichen Herausforderungen, insbesondere im Hinblick auf Compliance-Anforderungen, Haftung und regulatorische Entwicklungen.

Trotzdem ist die Entwicklung und Anpassung von Gesetzen und Vorschriften ein kontinuierlicher Prozess, der darauf abzielt, den sich ständig verändernden Krypto-Markt angemessen zu regulieren. Daher ist es entscheidend, die rechtlichen Rahmenbedingungen zu verstehen und sich darüber im Klaren zu sein, wie sie die Nutzung und den Betrieb von Kryptowährungs-Wallets beeinflussen können.
Letztendlich sollten Unternehmen und Einzelpersonen gleichermaßen bestrebt sein, sich über aktuelle rechtliche Entwicklungen auf dem Laufenden zu halten und angemessene Vorkehrungen zu treffen, um rechtliche Risiken zu minimieren und die langfristige Sicherheit ihrer Kryptowährungs-Wallets zu gewährleisten.

5 Umsetzung im wirklichen Leben

Selbst in einer Welt, die zunehmend von digitalen Innovationen und technologischen Durchbrüchen geprägt ist, haben Kryptowährungen eine einzigartige und faszinierende Rolle eingenommen. Früher waren Begriffe wie Kryptowährung, Bitcoin, Blockchain usw. nur einer kleinen Anzahl von Programmierern und echten IT-Profis bekannt. Mit den Jahren wurde unsere Gesellschaft jedoch immer moderner und digitaler. Die Umsetzung von Kryptowährungen im wirklichen Leben ist keine abstrakte Idee mehr, sondern eine Realität, die das tägliche Leben von Einzelpersonen, Unternehmen und sogar Regierungen beeinflusst.
Obwohl die genannten Begriffe vielen Menschen immer noch fremd sind, ist es heutzutage nicht mehr erforderlich, ein IT-Spezialist zu sein, um sie zu verstehen. Immer mehr Menschen und Unternehmen nutzen Kryptowährungen wie Bitcoin und Ethereum.

In diesem Kapitel werden wir die vielfältigen Aspekte und Auswirkungen der praktischen Anwendung von Kryptowährungen eingehend untersuchen. Dabei werden wir uns zunächst mit Themen wie der Anonymität (Pseudonymität) von Kryptowährungen sowie ihrer potenziellen Rolle bei illegalen Geschäften und anderen kontroversen Aspekten auseinandersetzen.

Anschließend werden wir den Einsatz von Kryptowährungen als alternatives Zahlungsmittel betrachten und ihre Implikationen für die Finanzmärkte und darüber hinaus erforschen. Zusätzlich werden wir uns mit Themen wie Trading, Investitionen und anderen relevanten Bereichen befassen, um ein umfassendes Verständnis für die Bedeutung von Kryptowährungen im heutigen digitalen Zeitalter zu gewinnen.

5.1 Umsetzung

Viele Menschen sind von der Ideologie, die Kryptowährungen und die Blockchain repräsentieren, äußerst fasziniert und vertiefen sich intensiv in ihr Studium. Die zugrunde liegenden Prinzipien von Dezentralisierung, Transparenz und Sicherheit wecken das Interesse von Enthusiasten aus verschiedenen Bereichen, von technikaffinen Individuen bis hin zu Finanzexperten.

Unternehmen erkennen die Potenziale der Blockchain-Technologie und setzen sie ein, um Transaktionen schneller abzuwickeln und dabei erheblich niedrigere Gebühren zu zahlen. Dies führt nicht nur zu Kosteneinsparungen, sondern ermöglicht auch eine effizientere Geschäftsabwicklung und eine verbesserte Kundenbetreuung. Die Nutzung von Kryptowährungen und Blockchain kann auch die Innovationskraft eines Unternehmens stärken, indem es neue Geschäftsmodelle ermöglicht und den Zugang zu globalen Märkten erleichtert.

Zusätzlich dazu investieren verschiedene Unternehmen, Privatpersonen und institutionelle Investoren aktiv in Kryptowährungen, um passives Einkommen zu generieren oder ihr Portfolio zu diversifizieren. Diese Investitionen können in Form von direkten Käufen von Kryptowährungen, Teilnahme an Krypto-Staking oder anderen Anlagestrategien erfolgen.

Auf der anderen Seite engagieren sich Trader und Daytrader aktiv im Handel mit Kryptowährungen, um kurzfristige Gewinne zu erzielen. Durch den Kauf und Verkauf von Kryptowährungen auf den verschiedenen Handelsplattformen versuchen sie, von den volatilen Preisbewegungen zu profitieren. Diese Aktivitäten erfordern oft schnelle Entscheidungen und ein tiefes Verständnis der Marktmechanismen.

Es ist wichtig zu betonen, dass all diese Aktivitäten in einem dezentralen Umfeld stattfinden. Das Fehlen einer zentralen Autorität oder eines Intermediärs ermöglicht es den Teilnehmern, ihre eigenen Entscheidungen zu treffen und ihre Investitionen unabhängig zu verwalten. Dies trägt zur Demokratisierung des Finanzsystems bei und eröffnet Möglichkeiten für eine breitere Teilnahme am Kryptowährungsmarkt.

5.2 Anonymität und illegale Geschäfte

Die Anonymität und Pseudonymität der Benutzer, die mit Kryptowährungen interagieren, ist von großem Wert. Aufgrund der dezentralen Natur sind die Benutzer weitgehend anonym oder agieren unter Pseudonymen. Daher werden Kryptowährungen wie Bitcoin häufig für illegale Geschäfte genutzt. Die undurchsichtige Natur dieser Transaktionen macht es für gewöhnliche Menschen nahezu unmöglich, den Ursprung einer Überweisung zu verfolgen. Selbst erfahrene IT-Spezialisten würden ohne die richtigen Monitoring-Tools erhebliche Zeit benötigen, um relevante Informationen zu erlangen. Infolgedessen werden viele Kryptowährungen im Darknet oder im Deepnet als Zahlungsmittel verwendet.

Obwohl die Blockchain jede Transaktion speichert, was theoretisch die Möglichkeit bietet Internetkriminelle aufzuspüren, ist die tatsächliche Identifizierung in der Praxis oft eine Herausforderung. Trotzdem nutzen viele Kriminelle weiterhin Kryptowährungen für ihre illegalen Aktivitäten. Die ständige Weiterentwicklung von Kryptowährungen führt zu einer zunehmenden Anonymität oder Pseudonymität, die sowohl Vor- als auch Nachteile mit sich bringt.

Die steigende Anonymität oder Pseudonymität erleichtert es jedoch auch Cyberkriminellen, Lösegeld in Form von Bitcoin oder anderen Kryptowährungen zu fordern.

Laut einer Studie von Chainanalysis gab es im Jahr 2023 einen Anstieg der Umsätze in zwei Bereichen der Kryptokriminalität. Darknet-Märkte und Betrugsshops verzeichneten zusammen einen Umsatz von 1,7 Milliarden US-Dollar im Vergleich zum Vorjahr. Dies stellt eine Erholung dar, besonders nach der Schließung des großen Hydra-Marktplatzes im Jahr 2022. Der Wettbewerb um die Vorherrschaft auf dem Darknet-Markt, der im Vorjahr begann, setzte sich bis 2023 fort, aber kein anderer Markt konnte den finanziellen Erfolg von Hydra wiederholen.

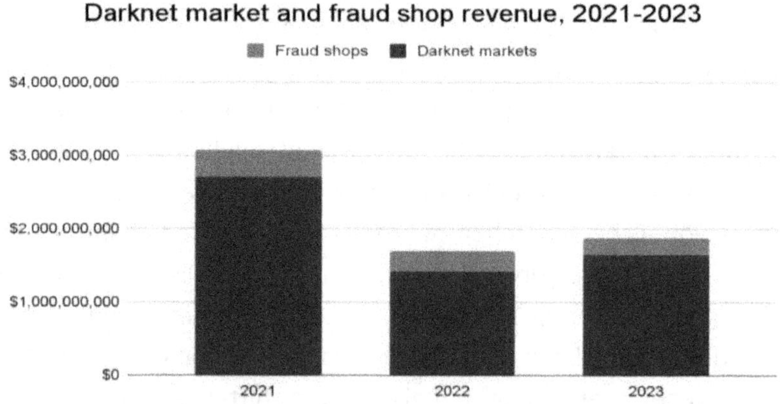

Diagramm 2: Einnahmen auf dem Darknet-Markt

Der Gesamtwert der Kryptowährungen, die von illegalen Adressen empfangen wurden, verzeichnete bis 2022 einen signifikanten Anstieg. Allerdings wurde im Jahr 2023 ein Rückgang verzeichnet.

Diese Daten liefern Einblicke in das Ausmaß der Aktivitäten im Zusammenhang mit illegalen Transaktionen und könnten darauf hinweisen, wie sich die Kryptokriminalität im Laufe der Jahre entwickelt hat.

Ein detaillierterer Blick auf diese Zahlen kann dazu beitragen, Muster und Trends zu identifizieren, die für die Sicherheit und Regulierung des Kryptowährungsmarktes von Bedeutung sind.

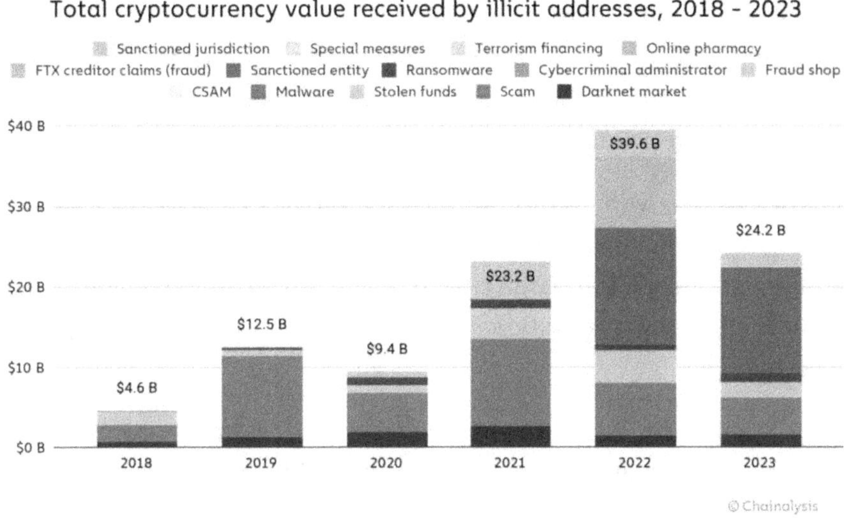

Diagramm 3: Der Gesamtwert illegal empfangener Kryptowährungen

5.3 Kryptowährungen als alternatives Zahlungsmittel

Selbst in einer Welt, die von traditionellen Währungen dominiert wird, gewinnen Kryptowährungen zunehmend als alternatives Zahlungsmittel an Bedeutung. Ihre Attraktivität beruht auf einer Vielzahl von Faktoren, die sie von herkömmlichen Fiat-Währungen unterscheiden. Hier sind einige der Gründe, warum Kryptowährungen als Zahlungsmittel immer beliebter werden:

Kryptowährungen bieten eine alternative Form von Geld, die nicht von zentralen Behörden wie Regierungen oder Banken kontrolliert wird. Diese Dezentralisierung ermöglicht es den Benutzern, unabhängig von staatlichen Institutionen zu agieren.

Transaktionen mit Kryptowährungen können in der Regel schneller abgewickelt werden als herkömmliche Banküberweisungen. Darüber hinaus sind die damit verbundenen Transaktionsgebühren oft niedriger, was sie für kostengünstige Zahlungen attraktiv macht.

Die Verwendung von Kryptowährungen ermöglicht es Menschen, über Ländergrenzen hinweg schnell und kostengünstig Geld zu senden und zu empfangen, ohne die Komplexität von Währungsumrechnungen oder die Einschränkungen traditioneller Bankensysteme berücksichtigen zu müssen.

Einige Kryptowährungen bieten ein gewisses Maß an Anonymität und Datenschutz, was es den Benutzern ermöglicht, Transaktionen diskret durchzuführen, ohne persönliche Informationen preiszugeben.

Darüber hinaus haben einige Kryptowährungen eine feste maximale Versorgungsmenge, was sie potenziell vor den Auswirkungen der Inflation schützt, die bei traditionellen Fiat-Währungen auftreten können, die von Zentralbanken gedruckt werden können.

Trotz dieser Vorteile sind Kryptowährungen jedoch auch mit Herausforderungen verbunden, darunter Volatilität, begrenzte Akzeptanz und regulatorische Unsicherheit, die ihre breite Verwendung einschränken können.

Geld erfüllt verschiedene Funktionen in einer Volkswirtschaft, die wesentlich zur Effizienz und Stabilität des Wirtschaftssystems beitragen. Hier sind die Hauptfunktionen von Geld:

Als Tauschmittel (Tauschfunktion) fungiert Geld als allgemein akzeptiertes Mittel, um Güter und Dienstleistungen zu kaufen und zu verkaufen. Es erleichtert den Austausch von Waren, indem es den direkten Tausch von einem Gut gegen ein anderes ermöglicht.

Als Wertaufbewahrungsmittel (Aufbewahrungsfunktion) ermöglicht es Geld den Menschen, ihren Wohlstand über einen längeren Zeitraum zu erhalten, indem sie es speichern und für zukünftige Transaktionen verwenden können. Im Gegensatz zu vielen anderen Gütern behält Geld seinen Wert relativ gut über die Zeit.

Als Recheneinheit (Rechenfunktion) dient Geld als gemeinsame Maßeinheit, um den Wert verschiedener Güter und Dienstleistungen zu vergleichen. Es erleichtert die Bewertung von Vermögenswerten, Preisen und Verbindlichkeiten in einer einheitlichen Währungseinheit.

Als Zahlungsmittel (Zahlungsfunktion) wird Geld verwendet, um Schulden zu begleichen und Transaktionen abzuschließen. Es erleichtert den Austausch von Geld gegen Waren und Dienstleistungen sowie die Begleichung von Schulden und finanziellen Verpflichtungen.

Durch die Erfüllung dieser verschiedenen Funktionen trägt Geld maßgeblich dazu bei, die wirtschaftliche Aktivität zu erleichtern und das reibungslose Funktionieren des Wirtschaftssystems zu gewährleisten.

Kryptowährungen weisen einige der Funktionen von traditionellem Fiat-Geld auf, aber auch einige einzigartige Merkmale. Ähnlich wie Fiat-Geld dienen Kryptowährungen als Mittel des Austauschs für den Kauf von Waren und Dienstleistungen sowie als Maßstab für den Wert von Gütern und Dienstleistungen. Sie können auch als Wertaufbewahrungsmittel und Einheit der Rechnung verwendet werden.

Wie schon erwähnt verfügen Kryptowährungen im Gegensatz zu Fiat-Geld jedoch über zusätzliche Eigenschaften wie Dezentralisierung, Anonymität (Pseudonymität) und Sicherheit durch Kryptographie. Sie ermöglichen schnelle und kostengünstige grenzüberschreitende Transaktionen und sind unabhängig von staatlicher Kontrolle oder Zentralbankpolitik.

Trotz dieser Vorteile sind Kryptowährungen oft volatiler und weniger stabil als Fiat-Währungen. Dennoch gewinnen sie als alternatives Zahlungsmittel zunehmend an Popularität und werden von vielen Menschen als zukunftsweisende Ergänzung zum traditionellen Finanzsystem betrachtet.

Die Akzeptanz von Kryptowährungen als alternative Zahlungsmittel hängt maßgeblich davon ab, wie Menschen dazu stehen und wie bereit sie sind, sie in ihrem täglichen Leben zu verwenden. Die Meinungen zu Kryptowährungen sind vielfältig und werden von individuellen Überzeugungen, technologischem Verständnis und Vertrauen in das Finanzsystem beeinflusst.

Die Meinungen der Menschen zu Kryptowährungen als alternative Zahlungsmittel sind breit gefächert und von verschiedenen Faktoren abhängig. Es ist von zentraler Bedeutung zu verstehen, wie Menschen diese digitalen Währungen wahrnehmen und ob sie bereit sind, sie als Teil ihres finanziellen Alltags zu akzeptieren.

Einige betrachten Kryptowährungen als vielversprechende Alternative zu herkömmlichen Fiat-Währungen, da sie potenziell niedrigere Transaktionsgebühren, schnellere grenzüberschreitende Transaktionen und eine größere finanzielle Autonomie bieten können. Diese Gruppe schätzt auch die dezentrale Natur von Kryptowährungen und sieht sie als Schutz vor Inflation oder als Absicherung gegen wirtschaftliche Instabilität in bestimmten Ländern.

Auf der anderen Seite stehen viele Menschen Kryptowährungen skeptisch gegenüber, insbesondere aufgrund der starken Preisschwankungen, des Mangels an regulatorischer Kontrolle und der Besorgnis über Sicherheitsrisiken wie Hacks und Betrug. Einige betrachten Kryptowährungen als spekulatives Instrument und nicht als zuverlässiges Zahlungsmittel. Darüber hinaus könnten Bedenken hinsichtlich der Umweltauswirkungen des Kryptowährungsabbaus und der potenziellen Verwendung von Kryptowährungen für illegale Aktivitäten wie Geldwäsche und Terrorismusfinanzierung die Akzeptanz beeinträchtigen.

Insgesamt ist die Haltung der Menschen zu Kryptowährungen als alternative Zahlungsmittel stark von persönlichen Präferenzen, Kenntnissen über die Technologie und dem allgemeinen Vertrauen in das Finanzsystem abhängig. Während einige die Vorteile von Kryptowährungen erkennen und deren Nutzung befürworten, bleiben andere vorsichtig und bevorzugen weiterhin traditionelle Zahlungsmethoden. Die Vielfalt der Meinungen spiegelt die Komplexität und die Herausforderungen wider, die mit der Integration von Kryptowährungen in den Mainstream-Finanzmarkt verbunden sind.

Hier sind einige weitere wichtige Punkte, die zu berücksichtigen sind, um zu beurteilen, ob Kryptowährungen als alternative Zahlungsmittel dienen können:

Akzeptanz und Vertrauen: Die Bereitschaft der Menschen, Kryptowährungen zu nutzen, hängt stark von ihrer Akzeptanz und dem Vertrauen in sie ab. Eine positive Wahrnehmung und ein gesteigertes Vertrauen können ihre Verwendung fördern.

Volatilität und Stabilität: Die hohe Volatilität von Kryptowährungen kann ihre Verwendung als Zahlungsmittel beeinträchtigen, da Preisschwankungen das Risiko für Händler und Verbraucher erhöhen. Die Stabilität des Werts ist daher ein wichtiger Faktor für ihre Eignung als Zahlungsmittel.

Regulatorische Rahmenbedingungen: Die rechtliche Anerkennung und die regulatorischen Rahmenbedingungen für Kryptowährungen beeinflussen ihre Integration in den Mainstream-Zahlungsverkehr. Eine klare und einheitliche Regulierung kann das Vertrauen stärken und die Akzeptanz fördern.

Benutzerfreundlichkeit: Die Benutzerfreundlichkeit von Kryptowährungen und ihrer Technologie ist entscheidend für ihre breite Nutzung als Zahlungsmittel. Einfach zu bedienende Wallets, sichere Transaktionsmethoden und eine nahtlose Integration in bestehende Zahlungsinfrastrukturen können ihre Akzeptanz erhöhen.

Skalierbarkeit und Geschwindigkeit: Die Fähigkeit von Kryptowährungen, eine große Anzahl von Transaktionen gleichzeitig zu verarbeiten, sowie ihre Geschwindigkeit sind wichtige Faktoren für ihre Nutzung im Zahlungsverkehr.

Diese Punkte verdeutlichen die komplexen Herausforderungen und Überlegungen im Zusammenhang mit der Rolle von Kryptowährungen als alternative Zahlungsmittel und zeigen, dass ihre Eignung stark von verschiedenen Faktoren abhängt.

5.3 Spekulationsgeschäft

Das Spekulieren mit Kryptowährungen ist eine weit verbreitete Praxis, die ähnlich wie der Handel mit Aktien funktioniert. Investoren nehmen Positionen auf dem Markt ein, um von Kursbewegungen zu profitieren. Wie bei Aktien können sie sowohl auf steigende als auch auf fallende Kurse setzen.

Wenn beispielsweise positive Nachrichten über eine bestimmte Kryptowährung veröffentlicht werden, steigt in der Regel die Nachfrage nach dieser Währung, was zu einem Anstieg des Kurses führen kann. Investoren, die zuvor in die Währung investiert haben, sehen dann eine Wertsteigerung ihres Vermögens. Dies wird oft als "long gehen" bezeichnet.

Umgekehrt können negative Nachrichten oder Entwicklungen dazu führen, dass der Wert einer Kryptowährung sinkt. In diesem Fall können Investoren, die auf einen Kursverfall spekulieren, Positionen eingehen, die als "short gehen" bekannt sind. Sie leihen sich die Kryptowährung zu einem aktuellen Preis, verkaufen sie und kaufen sie später zu einem niedrigeren Preis zurück, um von der Differenz zu profitieren.

Es ist jedoch wichtig zu beachten, dass der Handel mit Kryptowährungen auch erhebliche Risiken birgt. Die Volatilität des Marktes kann zu schnellen und dramatischen Kursbewegungen führen, die den Erfolg von Investoren beeinträchtigen können. Darüber hinaus können externe Faktoren wie staatliche Regulierung, Sicherheitsbedenken und Marktsentiment einen erheblichen Einfluss auf die Kursentwicklung haben. Trotz dieser Risiken ist der Handel mit Kryptowährungen aufgrund seines Potenzials für hohe Renditen und der Möglichkeit, rund um die Uhr gehandelt zu werden, nach wie vor attraktiv für viele Anleger. Es ist jedoch ratsam, sich vor dem Einstieg in den Markt gründlich zu informieren und eine fundierte Handelsstrategie zu entwickeln, um die Risiken zu minimieren und die Chancen auf Erfolg zu maximieren.

Bei Long- und Short-Positionen im Kryptowährungshandel handelt es sich in den meisten Fällen um Derivate oder Finanzinstrumente, die den Wert der Kryptowährung nachbilden. Diese Derivate können Futures, Optionen, Contracts for Difference (CFDs) oder andere derivative Instrumente sein.

Bei einer Long-Position geht der Investor eine Vereinbarung ein, die es ihm ermöglicht, die Kryptowährung zu einem bestimmten Preis zu kaufen und zu einem späteren Zeitpunkt zu verkaufen. Diese Position wird genutzt, wenn der Investor auf steigende Kurse spekuliert.

Im Gegensatz dazu geht bei einer Short-Position der Investor eine Vereinbarung ein, die es ihm erlaubt, die Kryptowährung zu einem bestimmten Preis zu verkaufen und zu einem späteren Zeitpunkt zurückzukaufen. Diese Position wird genutzt, wenn der Investor auf fallende Kurse spekuliert. Es ist wichtig zu beachten, dass der Handel mit Derivaten spekulativ ist und mit erheblichen Risiken verbunden sein kann, einschließlich des Risikos von Verlusten, die über das investierte Kapital hinausgehen. Daher sollten Investoren, die Long- oder Short-Positionen eingehen möchten, sich der Risiken bewusst sein und geeignete Vorsichtsmaßnahmen treffen, um ihr Risiko zu begrenzen.

Bei Futures-Kontrakten besteht die Möglichkeit, sogenannte "Hebel" zu nutzen. Das bedeutet, dass Investoren nur einen Bruchteil des tatsächlichen Wertes des Kontrakts als Sicherheit hinterlegen müssen. Dadurch können sie mit einem vergleichsweise geringen Kapitaleinsatz eine größere Position am Markt halten. Wenn sich der Markt in die gewünschte Richtung bewegt, kann dies zu erheblichen Gewinnen führen. Allerdings erhöht der Einsatz von Hebeln auch das Risiko, da Verluste ebenfalls gehebelt werden und schnell zu einem Totalverlust des investierten Kapitals führen können. Daher ist es wichtig, den Einsatz von Hebeln mit Vorsicht zu behandeln und nur mit einem angemessenen Risikomanagement zu nutzen.

In der Welt der Kryptowährungen gibt es zwei gängige Arten des Spekulationsgeschäfts: Hodling/Investition und Trading. Beim Hodling oder Investieren in Kryptowährungen kaufen Anleger eine bestimmte Kryptowährung und halten sie über einen längeren Zeitraum, oft Jahre, anstatt sie regelmäßig zu kaufen und zu verkaufen. Diese Strategie basiert auf der Spekulation darüber, dass die Kryptowährung langfristig an Wert gewinnen wird. Hodler glauben an das langfristige Potenzial einer bestimmten Kryptowährung und sind bereit, kurzfristige Preisschwankungen zu überwinden, um potenziell höhere Renditen zu erzielen. Sie verlassen sich oft auf fundamentale Analysen, um vielversprechende Kryptowährungen zu identifizieren, und halten dann ihre Investitionen über einen längeren Zeitraum.

Im Gegensatz dazu beinhaltet das Trading den Kauf und Verkauf von Kryptowährungen innerhalb eines kürzeren Zeitraums, oft innerhalb desselben Tages oder der gleichen Woche. Trader spekulieren auf kurzfristige Preisbewegungen und versuchen, von den Schwankungen des Marktes zu profitieren. Sie können verschiedene Handelsstrategien anwenden, unter anderem technische Analyse und Fundamentalanalyse, um ihre Handelsentscheidungen zu treffen. Das Ziel des Handels ist es oft, kurzfristige Gewinne zu erzielen, indem man Kryptowährungen zu niedrigen Preisen kauft und zu höheren Preisen verkauft oder umgekehrt, um von fallenden Preisen zu profitieren.

Beide Ansätze haben ihre eigenen Vor- und Nachteile, und die Wahl zwischen Hodling und Trading hängt von den individuellen Zielen, Präferenzen und Risikotoleranzen eines Anlegers ab. Während das Hodling eine langfristige Perspektive und weniger Stress mit sich bringen kann, bietet das Trading die Möglichkeit, kurzfristige Gewinne zu erzielen, erfordert jedoch ein tieferes Verständnis des Marktes und eine aktive Überwachung der Preisbewegungen.

5.3.1 Hodling/Investment

Das Wort "Hodling" oder "Hodler" entstand als Rechtschreibfehler des englischen Wortes "holding", was so viel wie "halten" bedeutet. Diese Bezeichnung wurde erstmals im Jahr 2013 in einem Bitcoin-Chat-Forum geprägt. Ein Bitcoin-Investor äußerte dort den Wunsch, seine Bitcoins trotz des damaligen Kursrückgangs zu behalten, jedoch unterlief ihm dabei der Tippfehler "hodl" anstelle von "hold".

Diese fehlerhafte Schreibweise wurde von anderen Mitgliedern des Forums aufgegriffen und als humorvolle Abkürzung für "Hold On for Dear Life" interpretiert, was sinngemäß bedeutet, dass man an seinen Krypto-Investitionen festhalten soll, egal wie volatil der Markt sein mag.

Seitdem hat sich der Begriff "Hodling" in der Kryptoszene etabliert und wird verwendet, um die Strategie des langfristigen Haltens von Kryptowährungen zu beschreiben, unabhängig von kurzfristigen Preisschwankungen oder Marktstimmungen. Ein "Hodler" ist daher jemand, der seine Kryptowährungen langfristig besitzt und nicht von kurzfristigen Kursbewegungen beeinflusst wird. Diese Hodl-Strategie basiert auf dem Glauben vieler Investoren an das langfristige Potenzial von Kryptowährungen und ihre Überzeugung, dass sich ihre Wertentwicklung über die Zeit hinweg positiv entwickeln wird.

Durch das Hodling können Anleger von langfristigen Trends und der potenziellen Wertsteigerung ihrer Krypto-Assets profitieren, ohne sich von kurzfristigen Preisschwankungen entmutigen zu lassen. Infolgedessen ist "Hodling" zu einem wichtigen Konzept in der Kryptowelt geworden und wird von vielen Investoren als eine der grundlegenden Strategien für den Aufbau eines langfristigen Vermögensportfolios betrachtet. Es symbolisiert die Entschlossenheit der Hodler, trotz der Volatilität und Unsicherheit auf dem Kryptomarkt an ihren Investitionen festzuhalten und langfristig an deren Potenzial zu glauben.

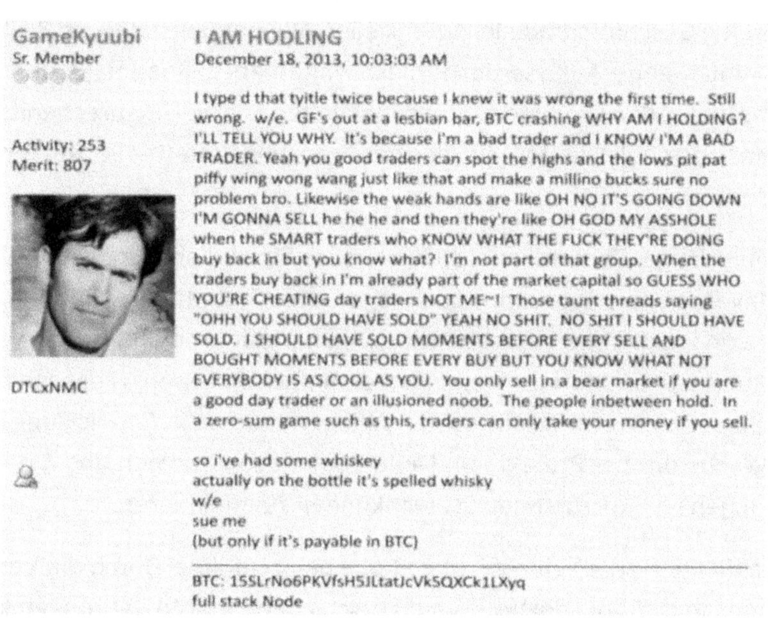

GameKyuubi
Sr. Member

Activity: 253
Merit: 807

DTCxNMC

I AM HODLING
December 18, 2013, 10:03:03 AM

I type d that tyitle twice because I knew it was wrong the first time. Still wrong. w/e. GF's out at a lesbian bar, BTC crashing WHY AM I HOLDING? I'LL TELL YOU WHY. It's because I'm a bad trader and I KNOW I'M A BAD TRADER. Yeah you good traders can spot the highs and the lows pit pat piffy wing wong wang just like that and make a millino bucks sure no problem bro. Likewise the weak hands are like OH NO IT'S GOING DOWN I'M GONNA SELL he he he and then they're like OH GOD MY ASSHOLE when the SMART traders who KNOW WHAT THE FUCK THEY'RE DOING buy back in but you know what? I'm not part of that group. When the traders buy back in I'm already part of the market capital so GUESS WHO YOU'RE CHEATING day traders NOT ME~! Those taunt threads saying "OHH YOU SHOULD HAVE SOLD" YEAH NO SHIT. NO SHIT I SHOULD HAVE SOLD. I SHOULD HAVE SOLD MOMENTS BEFORE EVERY SELL AND BOUGHT MOMENTS BEFORE EVERY BUY BUT YOU KNOW WHAT NOT EVERYBODY IS AS COOL AS YOU. You only sell in a bear market if you are a good day trader or an illusioned noob. The people inbetween hold. In a zero-sum game such as this, traders can only take your money if you sell.

so i've had some whiskey
actually on the bottle it's spelled whisky
w/e
sue me
(but only if it's payable in BTC)

BTC: 15SLrNo6PKVfsH5JLtatJcVkSQXCk1LXyq
full stack Node

Abbildung 16: I AM HODLING

Hodling ist eine langfristige Investmentstrategie in der Welt der Kryptowährungen, bei der Anleger digitale Assets über einen längeren Zeitraum halten, oft Jahre oder sogar Jahrzehnte. Diese Strategie basiert auf der Überzeugung, dass der langfristige Wert einer Kryptowährung mit der Zeit steigen wird, trotz kurzfristiger Volatilität und

Preisschwankungen. Hier sind einige wichtige Aspekte und Schritte, die Anleger beachten sollten, wenn sie Hodling als Investmentstrategie in Betracht ziehen:

Für Anleger, die Hodling als langfristige Investmentstrategie in der Welt der Kryptowährungen nutzen möchten, ist eine gründliche Recherche von entscheidender Bedeutung. Diese Recherche umfasst nicht nur die technischen Aspekte der Kryptowährungen, sondern auch ihre zugrunde liegenden Geschäftsmodelle, potenziellen Anwendungsfälle und Risiken. Eine umfassende Analyse der Projekt-white-paper, Roadmaps und des Teams hinter den Projekten kann dabei helfen, die vielversprechendsten Investitionsmöglichkeiten zu identifizieren und potenzielle Risiken zu mindern.

Ein langfristiger Zeithorizont ist unerlässlich für Hodler. Durch das Halten von Investitionen über Jahre oder sogar Jahrzehnte hinweg können Anleger von langfristigen Wertentwicklungen profitieren und sich weniger von kurzfristigen Marktbewegungen beeinflussen lassen. Diese langfristige Perspektive ermöglicht es den Anlegern auch, die Entwicklung und das Wachstum der Projekte im Laufe der Zeit zu verfolgen und die Auswirkungen von kurzfristigen Schwankungen zu minimieren.

Diversifikation spielt eine wichtige Rolle beim Hodling. Durch die Verteilung des Investitionsportfolios auf verschiedene Kryptowährungen können Anleger das Risiko streuen und die Auswirkungen von Ausfällen einzelner Projekte mindern. Eine breite Diversifikation kann dazu beitragen, die Widerstandsfähigkeit des Portfolios gegenüber Marktschwankungen zu erhöhen und potenzielle Verluste zu begrenzen.

Bei der Auswahl von Kryptowährungen für das Hodling sollten Anleger eine gründliche Fundamentalanalyse durchführen. Dies beinhaltet die Bewertung des Teams hinter dem Projekt, seiner Technologie, seiner

Community und seiner langfristigen Zukunftsaussichten. Eine detaillierte Fundamentalanalyse kann dabei helfen, vielversprechende Projekte zu identifizieren, die langfristiges Wachstumspotenzial haben und langfristige Renditen bieten können.

Obwohl Hodling eine langfristige Strategie ist, kann die technische Analyse dennoch hilfreich sein, um günstige Einstiegspunkte zu identifizieren und das Risiko zu minimieren. Durch die Verwendung von Chartmustern und technischen Indikatoren können Anleger den besten Zeitpunkt für den Kauf von Kryptowährungen bestimmen und das Potenzial für kurzfristige Gewinne maximieren.

Geduld und Disziplin sind Schlüsselkomponenten des Hodlings. Anleger sollten sich nicht von kurzfristigen Preisschwankungen und Emotionen beeinflussen lassen, sondern konsequent an ihrer langfristigen Strategie festhalten. Eine solide Geduld und Disziplin sind entscheidend, um langfristige Erfolge beim Hodling zu erzielen und potenzielle Verluste zu minimieren.

Ein angemessenes Risikomanagement ist unerlässlich für Anleger, die Hodling betreiben. Durch die Festlegung eines klaren Risikomanagementplans und die Begrenzung des Einsatzes auf einen Teil des Portfolios, den man sich leisten kann zu verlieren, können Anleger das Risiko von Verlusten minimieren und langfristige Erfolge sicherstellen.

Zu guter Letzt ist es wichtig, das Investment regelmäßig zu überprüfen und bei Bedarf Anpassungen vorzunehmen. Die Märkte für Kryptowährungen sind dynamisch und unterliegen ständigen Veränderungen, daher ist es entscheidend, das Portfolio entsprechend anzupassen und die langfristige Investmentstrategie zu optimieren. Durch die Beachtung dieser Aspekte können Anleger Hodling als eine effektive langfristige Investmentstrategie nutzen und langfristige Erfolge in der Welt der

Kryptowährungen erzielen. Derzeit gibt es über 8500 Kryptowährungen. Angesichts dieser Vielzahl von Optionen gibt es sicherlich einige, in die man investieren und langfristig halten kann.

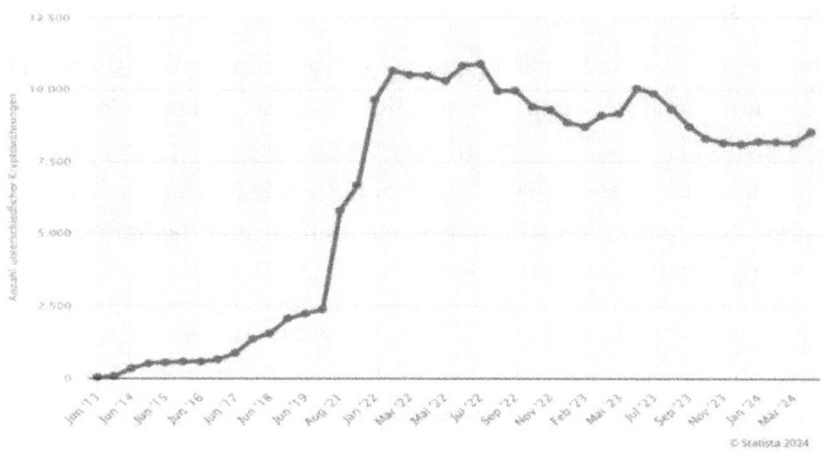

Diagramm 4: Anzahl unterschiedlicher Kryptowährungen

5.3.2 Trading

Neben den Hodlern gibt es auch eine beträchtliche Anzahl von Tradern auf dem Kryptowährungsmarkt. Trader halten Kryptowährungen nicht über längere Zeiträume wie Hodler, sondern handeln ständig damit, indem sie diese regelmäßig kaufen und verkaufen, um von den Preisschwankungen auf dem Markt zu profitieren. Der Begriff "traden" bezieht sich auf den Kauf und Verkauf von Kryptowährungen, um möglichst hohe Gewinne zu erzielen. Ein Daytrader ist jemand, der täglich mit Kryptowährungen handelt, um in kurzer Zeit erhebliches Kapital zu erwirtschaften. Die hohe Volatilität der Kryptowährungen hat das Trading für viele äußerst attraktiv gemacht. Volatilität bedeutet, dass

Kryptowährungen starken Kursschwankungen unterliegen, was den Handel jedoch auch äußerst riskant macht.

Viele Menschen, die Trader werden möchten, glauben fälschlicherweise, dass sie schnell und einfach viel Geld verdienen können. In den meisten Fällen ist jedoch das Gegenteil der Fall. Das Daytrading ist ein komplexes Unterfangen, das ein tiefes Verständnis der Märkte, Risikomanagement und eine solide Strategie erfordert. Es ist wichtig, gründlich zu recherchieren und sich fortlaufend weiterzubilden, um erfolgreich zu sein. Man muss in der Lage sein, den Chart gründlich zu analysieren und eigene Handelsstrategien zu entwickeln. Viele Trader haben Schwierigkeiten zu erkennen, wann sie verkaufen sollten, und werden von der Gier nach immer höheren Gewinnen geleitet. Dies kann zu erheblichen Verlusten führen. Obwohl kurzfristiges Glück vereinzelt vorkommen mag, sollte man bedenken, dass sich die Marktbedingungen rasch ändern können und sich das „Blatt" wenden kann.

Daytrading ist daher keine einfache Angelegenheit, sondern erfordert eine fundierte Analyse des Charts und die Fähigkeit, die richtigen Entscheidungen zu treffen. Und das, weil der Kryptowährungsmarkt oft unvorhersehbaren Schwankungen unterliegt und schnell ohne vorherige Anzeichen um 50% oder mehr fallen kann. Außer dem Daytrading gibt es noch weitere Tradingarten, die von Investoren genutzt werden, um von den Preisschwankungen auf dem Markt zu profitieren. Dazu gehören das Swing-Trading, Scalping und Positionstrading. Jede dieser Strategien hat ihre eigenen Merkmale und erfordert unterschiedliche Zeithorizonte und Risikotoleranzen.

Beim Swing-Trading halten Trader Positionen über einen längeren Zeitraum, oft mehrere Tage oder Wochen, um von größeren Preisbewegungen zu profitieren. Diese Strategie erfordert Geduld und ein Verständnis für langfristige Markttrends.

Scalping beinhaltet den Kauf und Verkauf von Kryptowährungen in sehr kurzen Zeitintervallen, manchmal sogar in Sekunden oder Minuten, um kleine, sofortige Gewinne zu erzielen.

Positionstrading ist eine langfristige Strategie, bei der Trader Positionen über Wochen, Monate oder sogar Jahre halten, um von langfristigen Trends zu profitieren.

Neben den genannten Tradingarten gibt es noch weitere, die jedoch weniger verbreitet sind oder spezifische Merkmale aufweisen, die sie von den Hauptarten unterscheiden. Einige dieser weiteren Tradingarten umfassen Arbitrage-Trading, Algorithmic Trading, Event-Driven Trading und High-Frequency Trading. Jede dieser Tradingarten hat ihre eigenen Strategien, Risiken und Anwendungsfelder.

Arbitrage-Trading beispielsweise beinhaltet den Kauf und Verkauf eines Vermögenswerts auf verschiedenen Märkten, um von Preisunterschieden zu profitieren. Algorithmic Trading nutzt Computerprogramme und Algorithmen, um Handelsentscheidungen automatisch zu treffen. Event-Driven Trading basiert auf der Ausnutzung von Marktreaktionen auf bestimmte Ereignisse oder Nachrichten. High-Frequency Trading beinhaltet den schnellen Kauf und Verkauf von Vermögenswerten in kurzen Zeitintervallen, um von kleinen Kursbewegungen zu profitieren. Diese weiteren Tradingarten erfordern oft fortgeschrittene Kenntnisse in der Finanzanalyse, Technologie und Marktstrategie.

Trader nutzen häufig technische Analysewerkzeuge wie Chartmuster, Indikatoren und Trendlinien, um den Markt zu analysieren und Handelsmöglichkeiten zu identifizieren. Darüber hinaus berücksichtigen sie auch fundamentale Faktoren wie Nachrichten, Ereignisse und Marktstimmung bei ihren Handelsentscheidungen. Es ist nochmals wichtig zu betonen, dass das Trading mit Kryptowährungen mit erheblichen Risiken verbunden ist, darunter volatile Preisschwankungen, Liquiditätsprobleme und Marktmanipulation. Daher ist eine gründliche Analyse und die Anwendung von Risikomanagementstrategien unerlässlich, um Investitionen zu schützen.

Gemäß einer von "Tradingfreaks" veröffentlichten Studie (siehe Abbildung 17) zeigt sich, dass weniger als 1 % der Trader erfolgreich große Volumina managen können. Obwohl diese Studie sich auf Aktien, Fonds und Hedgefonds bezieht, lassen sich ihre Erkenntnisse möglicherweise auch auf den Handel mit Kryptowährungen übertragen, da die Mechanismen ähnlich sind. Es ist jedoch zu beachten, dass Kryptowährungen aufgrund ihrer höheren Volatilität besondere Herausforderungen mit sich bringen könnten.

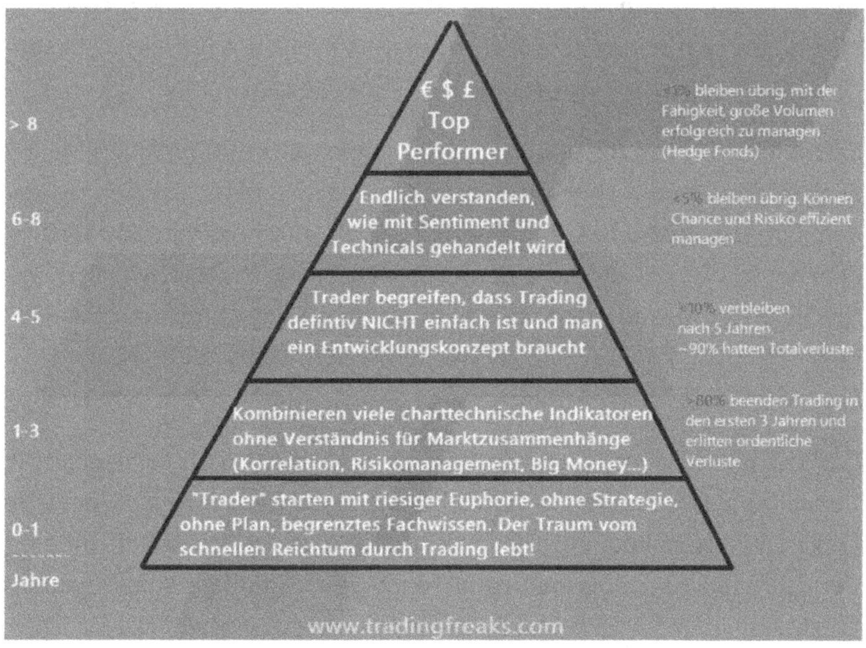

Abbildung 17: Erfolg beim Trading

Es existieren zahlreiche Ursachen, weshalb Trader im Bereich Kryptowährungen Verluste erleiden können. Ein Hauptgrund ist oft die mangelnde Erfahrung. Insbesondere Anfänger können Fehler machen, da sie nicht genügend Erfahrung im Handel mit Kryptowährungen haben und daher Schwierigkeiten haben, fundierte Entscheidungen zu treffen. Zudem kann emotionales Trading zu Verlusten führen. Wenn Trader impulsiv handeln, anstatt auf rationale Entscheidungen zu setzen, können Angst, Gier oder Panik ihre Handelsaktivitäten beeinträchtigen.

Ein weiterer Faktor ist das Fehlen angemessener Risikomanagementstrategien. Trader, die ihre Positionen nicht absichern oder Stop-Loss-Orders verwenden, setzen sich einem höheren Risiko aus, größere Verluste zu erleiden. Auch der übermäßige Einsatz von Hebelwirkung kann zu Verlusten führen. Obwohl die Hebelwirkung potenziellen Gewinne maximieren kann, kann sie auch zu großen Verlusten führen, insbesondere wenn der Markt sich gegen den Trader bewegt.

Ein weiterer Grund für Verluste ist das Fehlen einer gründlichen Marktanalyse. Trader, die ohne eine solide Grundlage handeln, setzen sich einem höheren Risiko aus, fehlerhafte Handelsentscheidungen zu treffen. Zudem ist Disziplin entscheidend für den Erfolg im Handel mit Kryptowährungen. Trader, die ihre Handelsstrategie nicht einhalten oder impulsiv handeln, können Schwierigkeiten haben, konsistente Gewinne zu erzielen.

Darüber hinaus ist der Kryptowährungsmarkt bekannt für seine extreme Volatilität, was bedeutet, dass die Preise sehr schnell und in großem Umfang schwanken können. Diese Volatilität kann zu unvorhersehbaren Verlusten führen, selbst wenn ein Trader eine sorgfältige Analyse durchführt.

Das Trading ist eine anspruchsvolle geistige Tätigkeit, bei der die psychologische Verfassung des Traders eine zentrale Rolle spielt. Oftmals beobachten unerfahrene Trader den Anstieg einer Kryptowährung und möchten daran teilhaben. Jedoch kaufen sie impulsiv, ohne eine gründliche Analyse des Charts durchzuführen. Dieses Verhalten wird als FOMO (Fear of Missing Out) bezeichnet, was die Angst beschreibt, eine Chance zu verpassen. Wenn viele Trader diesem Impuls folgen, steigt die Nachfrage nach der betreffenden Kryptowährung vorübergehend an, was zu einem weiteren Kursanstieg führen kann. Doch dann geschieht das Gegenteil, und der Kurs fällt, was zu Verlusten führen kann.

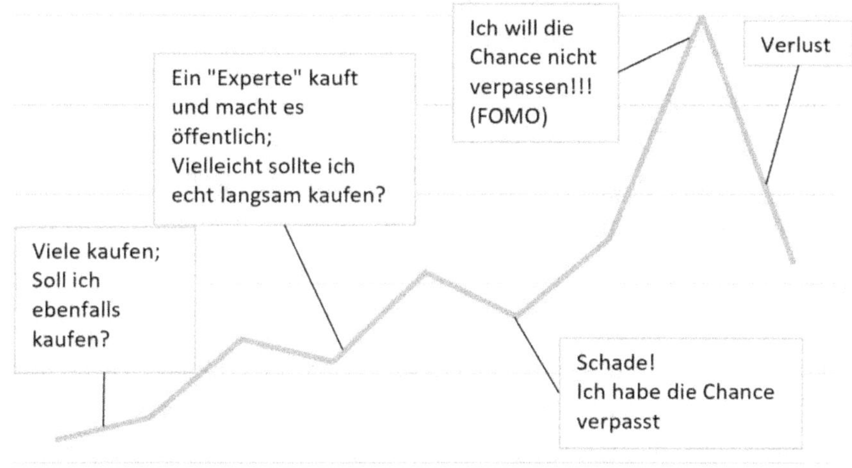

Diagramm 5: FOMO

Mit dem wachsenden Interesse an Kryptowährungen ist es folgerichtig, dass auch die Nachfrage nach Zahlungen mit diesen zunehmen wird. Dies würde zu einem erhöhten Handelsvolumen mit Kryptowährungen führen. Allerdings zeigt eine Studie von "tradingfreaks" (siehe Abbildung 17), dass nur ein sehr kleiner Prozentsatz der Aktien- oder Fonds-Trader erfolgreich ist. Angesichts der Tatsache, dass Kryptowährungen eine sehr hohe Volatilität aufweisen, könnten viele Krypto-Trader, die glauben, schnell Gewinne erzielen zu können, alles verlieren. Solche Verluste können zu Depressionen führen und im schlimmsten Fall sogar Selbstmordgedanken hervorrufen. Obwohl solche extremen Konsequenzen nicht zwangsläufig eintreten müssen, existieren bereits zahlreiche Beispiele von "gewöhnlichen Aktienhändlern", die Selbstmord begangen haben. Diese Fälle sind jedoch oft komplex, und es ist selten möglich, einen einzelnen Faktor wie den Handel als alleinige Ursache für solche tragischen Ereignisse zu identifizieren. In der Regel spielen verschiedene Faktoren eine Rolle, darunter persönliche Umstände, psychische Gesundheit, soziale Unterstützung und finanzielle Probleme.

Da der Kryptowährungsmarkt jedoch volatiler als der Aktienmarkt ist, ist die Wahrscheinlichkeit höher, dass auch unerfahrene Krypto-Trader ähnliche Konsequenzen erleiden könnten. Trotz der Risiken des Handels mit Kryptowährungen wächst die Zahl der Menschen, die damit handeln möchten, und viele von ihnen glauben, dass Kryptowährungen eine vielversprechende Zukunft haben.

Um mit Kryptowährungen zu handeln, benötigt man lediglich eine Wallet und einen Account bei einer Kryptowährungsbörse. Die ist in der Regel online zugänglich. Mit den digitalen Coins wird eigenständig gehandelt, ohne einen Bankkaufmann oder einen Broker einschalten zu müssen. Der Handel erfolgt autonom und anonym (pseudonym), da alles dezentralisiert abläuft.

Wie bereits erwähnt, stehen eine Vielzahl verschiedener Wallets zur Auswahl, die für diesen Zweck genutzt werden können. Bekannte Kryptowährungsbörsen sind unter anderem Binance, Bitget und Kraken.

Abbildung 18: Kryptowährungsbörsen

5.3.3 Trading in der Praxis

Wenn man in Kryptowährungen handeln möchten, ist der erste Schritt oft der Umtausch von Fiatgeld in Krypto, wobei Stablecoins eine bevorzugte Wahl sind.

Ein Stablecoin ist eine spezielle Art von Kryptowährung, die an einen stabilen Vermögenswert wie eine Fiatwährung (z. B. USD, EUR) gekoppelt ist, um Preisvolatilität zu minimieren. Im Gegensatz zu anderen Kryptowährungen wie Bitcoin oder Ethereum, deren Preise stark schwanken können, bleibt der Wert eines Stablecoins normalerweise konstant oder weicht nur geringfügig ab.

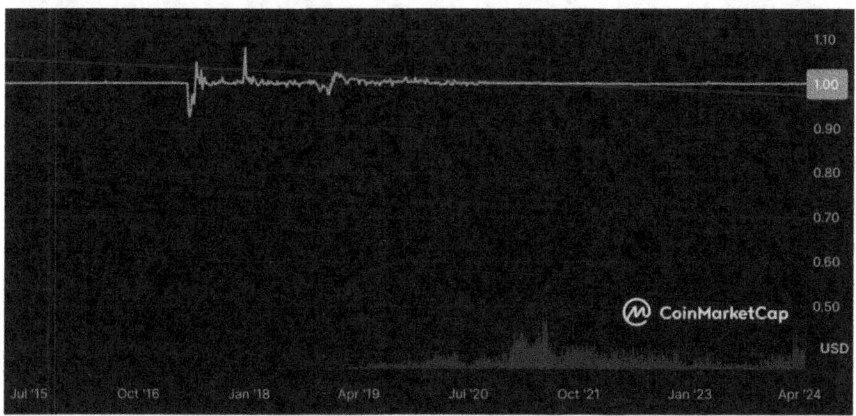

Abbildung 19: Stabelcoin (USDT) bleibt wertstabil

Wie aus Abbildung 19 ersichtlich ist, bleibt der Wert eines Stablecoins (USDT) über den Zeitraum von 2015 bis 2024 konstant bei einem Dollar.

Abbildung 20 verdeutlicht die deutliche Volatilität von Ethereum über denselben Zeitraum hinweg. Im Gegensatz zur stabilen Entwicklung von Stabelcoins wie USDT war Ethereum starken Schwankungen ausgesetzt. Diese Unbeständigkeit bietet sowohl Chancen als auch Risiken für Investoren, da sie die Möglichkeit bietet, sowohl Gewinne als auch Verluste zu erzielen, je nachdem, wie sie die Marktbedingungen nutzen.

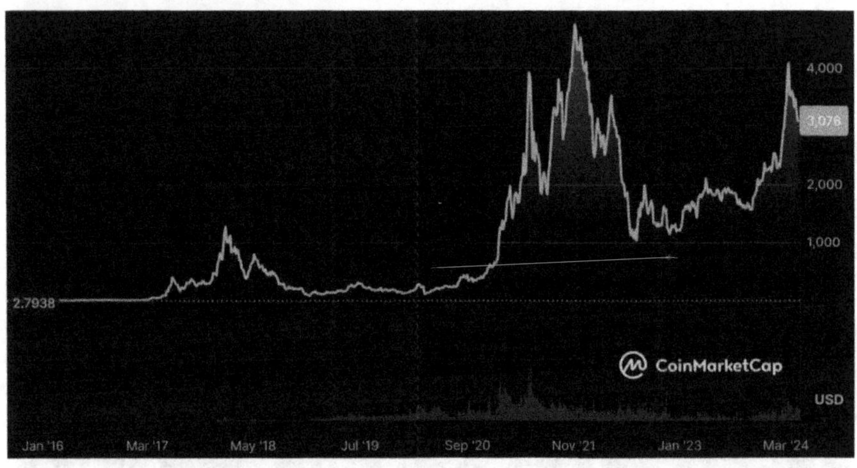

Abbildung 20: Die Kryptowährung Ethereum ist volatil

Der Handel mit Stablecoins eröffnet die Möglichkeit, von Preisunterschieden zwischen verschiedenen Kryptowährungen und Märkten zu profitieren. Ein Beispiel hierfür sind Stablecoins wie Tether (USDT), die häufig an den US-Dollar gebunden sind. Wenn man beispielsweise Bitcoin mit einem Stablecoin wie USDT handelt, kann dies mehrere Vorteile bieten.

Erstens ermöglicht die Stabilität des Stablecoins es den Händlern, ihre Gewinne zu sichern, insbesondere in Zeiten erhöhter Volatilität anderer Kryptowährungen wie Bitcoin. Dadurch kann der Wert der Investitionen besser geschützt werden. Das bedeutet, dass Trader bei Bedarf schnell und einfach in Stablecoins umschichten können, um sich vor plötzlichen Marktschwankungen abzusichern oder von günstigen Handelsmöglichkeiten zu profitieren.

Zweitens bietet der Handel mit Stablecoins eine schnellere Möglichkeit, zwischen verschiedenen Kryptowährungen zu wechseln, da Transaktionen mit Stablecoins wie Tether oft schneller und kostengünstiger sind als herkömmliche Fiat-Währungstransaktionen.

Ein weiteres Beispiel ist die Verwendung von Stablecoins für den Handel mit anderen Krypto-Assets auf verschiedenen Börsenplattformen. Da Stablecoins oft schnell und kostengünstig übertragen werden können, ermöglichen sie es den Händlern, schnell zwischen verschiedenen Kryptowährungen zu wechseln, ohne dabei auf langsame und teure Banküberweisungen angewiesen zu sein.

Insgesamt bietet der Handel mit Stablecoins wie USDT eine zuverlässige Möglichkeit, von der Stabilität des US-Dollars zu profitieren und gleichzeitig die Volatilität anderer Kryptowährungen zu nutzen, um Gewinne zu erzielen.

Der Kryptowährungshandel bietet den Vorteil, dass er rund um die Uhr stattfindet, da alles dezentral organisiert ist. Dies bedeutet, dass Händler weltweit zu jeder Tages- und Nachtzeit Zugang zu den Märkten haben, unabhängig von ihrem Standort oder den traditionellen Öffnungszeiten von Banken oder Börsen.

Wenn man sich entscheidet, mit dem Trading zu beginnen, möchte man möglicherweise Bitcoin erwerben. Dies kann bedeuten, dass man beispielsweise USDT gegen Bitcoin eintauscht.

Damit ist der Grundstein für das Trading gelegt und man ist nun bereit, in die Welt des Tradings einzutauchen.

Zunächst möchten wir klarstellen, dass dieses Buch keine Finanzberatung darstellt. Es ist wichtig zu betonen, dass die Mehrheit der Trader Geld verliert, und wir übernehmen keine Haftung für Verluste. Jeder Einzelne ist für seine eigenen Trades verantwortlich. Unser Ziel ist es, informativ zu erklären, wie das Trading funktioniert und wie man den Chart eigenständig analysieren kann, um Kapital zu vermehren. Zudem werden die aus unserer Sicht wichtigsten Regeln für Trader vorgestellt.

Der Handel mit Kryptowährungen ist äußerst risikoreich, aber auch lukrativ. Es ist ratsam, nur Geld zu investieren, das man im Falle eines Verlustes verkraften kann. Im folgenden Abschnitt werden einige unserer Ideen und Analysehilfen für Anfängertrader vorgestellt.

Profi-Trader nutzen oft komplexe Analysen, entwickeln eigene Strategien und verwenden verschiedene technische Hilfsmittel sowie Indikatoren, die für Anfänger zunächst verwirrend sein können.

Des Weiteren gibt es fortgeschrittene Handelsmöglichkeiten wie das Trading mit Hebel oder sogenannten Leverage-Token, Futures usw. Diese Methoden, wie das Setzen auf steigende oder fallende Kurse (long und short Positionen), sind für Anfänger oft zu komplex und bergen ein hohes Risiko, Geld zu verlieren. Daher werden wir darauf nicht näher eingehen.

Die Hilfsmittel, die im Folgenden erläutert werden, sind sowohl für neue Trader als auch für viele erfahrene Trader von großer Bedeutung. Ein solides Grundverständnis legt den Grundstein für erfolgreiche Trades, ähnlich wie das Fundament eines Hauses für Stabilität sorgt. Wenn man die Basis kennt, kann man darauf aufbauen und seine Trading-Fähigkeiten kontinuierlich verbessern.

In einfachen Worten ausgedrückt: Der Verkaufspreis sollte über dem Kaufpreis liegen.

Beim Trading ist die prozentuale Wertänderung von entscheidender Bedeutung. Es herrscht häufig die Annahme, dass der Kauf teurer Kryptowährungen zu höheren Gewinnen führt. Diese Vorstellung ist jedoch nicht ganz zutreffend.

Angenommen, man investiert jeweils 100 Euro in zwei verschiedene Kryptowährungen. Die erste Kryptowährung hat einen Wert von 50.000 Euro, während die zweite nur 50 Euro wert ist. Wenn beide Währungen um zehn Prozent steigen, steigt der Wert der ersten Währung auf 55.000 Euro und der Wert der zweiten auf 55 Euro.

In beiden Fällen hat man einen Gewinn von 10 Euro erzielt, da zehn Prozent von 100 Euro jeweils 10 Euro entsprechen, unabhängig vom absoluten Wert der Kryptowährungen.

Selbst wenn die eine Kryptowährung 50.000 Euro und die andere nur 50 Euro wert ist, bleibt der Gewinn gleich. Mit den 100 Euro, die man investiert hat, hat man einen Anteil von 0,002 an der teureren Kryptowährung oder 2 an der günstigeren erworben.

Wenn der Wert einer Kryptowährung von 100€ um 50% sinkt, bedeutet das nicht, dass sie um 50% steigen muss, um den ursprünglichen Wert von 100€ zu erreichen.

Nach einem Rückgang um 50% beträgt ihr neuer Wert nur noch 50€. Um den Wert von 100€ wiederherzustellen, müsste sie um 100% steigen, was bedeutet, dass sie sich verdoppeln müsste.

Die folgende Tabelle enthält weitere Beispiele.

Kursverlust	Erforderlicher Kursgewinn
5%	**5,27%**
10%	**11,12%**
15%	**17,65%**
20%	**25%**
30%	**42,86%**
50%	**100%**
75%	**300%**
90%	**900%**
99%	**9900%**

Tabelle 1: Kursverlust und erforderlicher Kursgewinn

Die folgende Formel ermöglicht es, das Endkapital zu berechnen, das nach einer bestimmten Zeitdauer erreicht wird, wenn über jede Zeitperiode hinweg ein konstanter prozentualer Gewinn erzielt wird (vereinfachte Rechnung):

Zinseszinsformel: *Kn = K0* **x** *(1+i)^n*

Definition	*Annahme*
***Kn** = Endkapital*	*Ergebnis*
***K0** = Anfangskapital*	*1.000 €*
***i** = Zinssatz(p/100)*	*0,1*
***n** = Laufzeit in Jahre...Monate...(Periode)*	*5 Jahre = 60 Monate*

Tabelle 2: Zinseszins

Beispiel: Angenommen, man verfügt über ein Anfangskapital von 1000€. Ziel ist es, über einen Zeitraum von 5 Jahren jeden Monat einen konstanten Gewinn von 10 Prozent zu erzielen. Da fünf Jahre insgesamt 60 Monate entsprechen, ergibt sich folgende Berechnung:

$$Kn = K0 \times (1 + i)^n = 1000 \times (1 + 0{,}1)^{60} = \underline{\mathbf{304.481{,}64€}}$$

Das bedeutet, dass mit einem Startkapital von 1000€ nach fünf Jahren ein Endkapital von 304.481,64€ erzielt wird. Es ist jedoch wichtig zu beachten, dass dies nur ein Musterbeispiel ist. Bei unvorsichtigem Handeln besteht auch das Risiko, das gesamte Kapital zu verlieren.

Um beim Handel mit Kryptowährungen sein Kapital zu schützen und Verluste zu minimieren, sollten Trader in der Regel auf Werkzeuge wie Stop-Loss- und Take-Profit-Orders zurückgreifen. Stop-Loss-Orders werden genutzt, um automatisch zu verkaufen, wenn der Preis einer Kryptowährung unter einen vorher festgelegten Wert fällt, und somit potenzielle Verluste zu begrenzen. Für Einsteiger empfiehlt sich oft eine Verlustgrenze von etwa 1% bis 2% des investierten Kapitals.

Ebenso wichtig ist es, Gewinne zu sichern. Hier kommen Take-Profit-Orders ins Spiel, die den Verkauf auslösen, sobald ein vorher festgelegter

Gewinn erreicht wird. Auch hier ist eine Grenze von etwa 1% bis 2% des Kapitals angemessen.

Es ist entscheidend zu verstehen, dass auch kleine Gewinne besser sind, als Verluste. Die Nutzung von Stop-Loss- und Take-Profit-Orders unterstützt dabei, Emotionen beim Trading zu kontrollieren und langfristig das Kapital zu erhalten.

Nun wollen wir uns der Analyse widmen und näher betrachten, wie das Kryptowährungstrading funktioniert.

Analyse spielt eine wichtige Rolle im Kryptowährungstrading und beinhaltet im Wesentlichen zwei Ansätze: die Fundamentalanalyse und die technische Analyse. Während die Fundamentalanalyse sich auf grundlegende Faktoren wie die finanzielle Gesundheit eines Projekts, die zugrunde liegende Technologie und die Marktakzeptanz konzentriert, zielt die technische Analyse darauf ab, Preisbewegungen und Handelsvolumen in Charts zu untersuchen.

Die Fundamentalanalyse ist häufig für langfristig orientierte Investoren geeignet, die darauf abzielen, langfristige Werte zu halten (Hodler), während die technische Analyse von Tradern bevorzugt wird, die kurzfristige Kursbewegungen nutzen, um Gewinne zu erzielen.

Fundamentalanalyse

Die Fundamentalanalyse im Bereich des Kryptowährungshandels beinhaltet eine gründliche Bewertung der zugrunde liegenden Faktoren einer Kryptowährung, um ihren inneren Wert und ihr Potenzial zu bestimmen.

Im Gegensatz zur rein technischen Analyse, die sich hauptsächlich auf Preis- und Handelsvolumendaten konzentriert, betrachtet die Fundamentalanalyse verschiedene fundamentale Faktoren, die den Wert und die Zukunftsaussichten einer Kryptowährung beeinflussen können.

Technologische Evaluierung:

Ein zentraler Aspekt der Fundamentalanalyse ist die Untersuchung der zugrunde liegenden Technologie einer Kryptowährung, einschließlich ihrer Blockchain-Architektur, Sicherheit und Skalierbarkeit. Durch eine detaillierte technologische Bewertung können Investoren das Potenzial einer Kryptowährung für zukünftige Anwendungen besser einschätzen.

Team und Entwicklung:

Ein weiterer wichtiger Faktor ist die Bewertung des Entwicklungsteams hinter einer Kryptowährung. Investoren prüfen die Kompetenz und Erfahrung der Entwickler sowie ihre bisherigen Erfolge. Ein erfahrenes und engagiertes Entwicklungsteam wird oft als positives Signal für das langfristige Wachstumspotenzial einer Kryptowährung betrachtet.

Marktnachfrage und Anwendungsfälle:

Eine gründliche Analyse der aktuellen und potenziellen Marktnachfrage nach einer Kryptowährung ist von entscheidender Bedeutung. Investoren untersuchen die verschiedenen Anwendungsfälle und Einsatzmöglichkeiten einer Kryptowährung in verschiedenen Branchen und Märkten.

Regulatorisches Umfeld:

Das regulatorische Umfeld, in dem eine Kryptowährung operiert, hat einen erheblichen Einfluss auf ihre Entwicklung und Akzeptanz. Investoren berücksichtigen rechtliche Rahmenbedingungen und regulatorische Trends, um das Risiko und die Chancen im Zusammenhang mit einer bestimmten Kryptowährung besser zu verstehen.

Wirtschaftliche und geopolitische Faktoren:

Makroökonomische Trends, geopolitische Ereignisse und globale wirtschaftliche Entwicklungen können ebenfalls die Performance von Kryptowährungen beeinflussen. Investoren analysieren diese Faktoren, um das Potenzial einer Kryptowährung besser einschätzen zu können.

Durch eine umfassende Fundamentalanalyse können Investoren fundierte Entscheidungen treffen und langfristige Investitionsmöglichkeiten im Kryptowährungsmarkt identifizieren.

Daher ist es von Bedeutung, täglich Nachrichten aus verschiedenen Bereichen zu verfolgen, nicht nur im Kontext von Kryptowährungen, da dies ermöglicht, relevante Informationen zu sammeln, die von Nutzen sein könnten. Zusätzlich lohnt es sich, auch in den sozialen Medien nach Quellen zu suchen, die sich mit Kryptowährungen beschäftigen, um ein umfassendes Bild über aktuelle Entwicklungen und Trends zu erhalten.

Technische Analyse

Wenn man alle Feinheiten der technischen Analyse und sämtliche technischen Indikatoren hier erläutern würde, bräuchte es ein ganzes neues

Buch. Daher werden nur einige beliebte Chart-Analysen vorgestellt. Mit zunehmender Erfahrung entwickelt man seine Fähigkeiten weiter und beginnt eigene Strategien zu entwickeln.

Im Folgenden werden einige wichtige Aspekte der Analyse aufgeführt: Es ist wichtig zu bedenken, dass man sich nicht immer zu 100% auf Hilfestellungen und technische Indikatoren verlassen sollte, da der Markt manchmal unvorhersehbar ist.

Die technische Analyse bei Kryptowährungen konzentriert sich auf die Untersuchung vergangener Preisbewegungen und Handelsvolumina, um mögliche zukünftige Kursverläufe vorherzusagen. Dabei stützt sie sich auf die Annahme, dass sich Muster und Trends im Kursverlauf wiederholen.

Mithilfe von Tools wie Trendlinien, Unterstützungs- und Widerstandsniveaus sowie technischen Indikatoren wie dem Relative Strength Index (RSI) oder dem Moving Average Convergence Divergence (MACD) versuchen technische Analysten potenzielle Einstiegs- und Ausstiegspunkte zu identifizieren.

Das Ziel besteht darin, auf Basis dieser Analysen fundierte Handelsentscheidungen zu treffen. Wichtig ist jedoch zu beachten, dass die technische Analyse keine absolute Vorhersage darstellt, sondern lediglich Wahrscheinlichkeiten aufgrund vergangener Daten liefert.

Markt und Handelsvolumen

Beim Kryptowährungshandel ist das Verständnis des Marktes und des Handelsvolumens von entscheidender Bedeutung.

Der Kryptowährungsmarkt ist äußerst volatil und wird von verschiedenen Faktoren beeinflusst, darunter technologische Entwicklungen, regulatorische Ankündigungen, Nachrichtenereignisse und das allgemeine Anlegerverhalten. Diese Faktoren können zu schnellen und signifikanten Preisbewegungen führen, was den Handel mit Kryptowährungen sowohl lukrativ als auch riskant macht.

Das Handelsvolumen spielt eine wichtige Rolle, da es die Menge an Kryptowährungen angibt, die innerhalb eines bestimmten Zeitraums gehandelt werden. Ein hohes Handelsvolumen deutet auf eine starke Marktbeteiligung und Liquidität hin, was es einfacher macht, Kryptowährungen zu kaufen und zu verkaufen. Ein niedriges Handelsvolumen kann hingegen darauf hindeuten, dass der Markt weniger aktiv ist und möglicherweise weniger liquide ist.

Händler verwenden das Handelsvolumen oft als Indikator, um die Stärke eines Trends zu bewerten oder potenzielle Trendumkehrungen zu identifizieren. Ein plötzlicher Anstieg des Handelsvolumens kann auf zunehmendes Interesse und potenzielle Preisbewegungen hinweisen, während ein rückläufiges Volumen darauf hindeuten kann, dass der aktuelle Trend an Dynamik verliert.

Insgesamt ist das Verständnis des Marktes und des Handelsvolumens von entscheidender Bedeutung für erfolgreiche Kryptowährungshändler, da es ihnen hilft, fundierte Entscheidungen zu treffen und ihre Handelsstrategien entsprechend anzupassen.

Beim Handel mit Kryptowährungen ist die Analyse von Preisdiagrammen ein unverzichtbares Werkzeug, um fundierte Handelsentscheidungen zu treffen. Eine der wichtigsten Methoden der Kursanalyse ist die Betrachtung von Chartmustern. Diese visuellen Formationen liefern wertvolle Einblicke in das Verhalten des Marktes und können dabei helfen, potenzielle Trends und Wendepunkte zu identifizieren. In diesem Abschnitt werden wir uns genauer mit Chartmustern befassen und ihre Bedeutung für das Kryptowährungshandeln erläutern.

Chartmuster sind grafische Formationen, die in Preisdiagrammen auftreten und wertvolle Hinweise auf zukünftige Kursbewegungen liefern können. Sie entstehen aus wiederkehrenden Verhaltensweisen von Marktteilnehmern, sowohl Käufern als auch Verkäufern. Zu den bekannten Chartmustern gehören:

- Trendumkehrmuster: Diese Muster deuten darauf hin, dass sich die aktuelle Kursrichtung möglicherweise ändern könnte. Dazu gehören das "Kopf und Schultern" Muster sowie das "Doppelte Top" oder "Doppelte Boden".
- Fortsetzungsmuster: Diese Muster bestätigen den bestehenden Trend und signalisieren, dass er wahrscheinlich fortgesetzt wird. Beispiele hierfür sind das "Flaggenmuster", das "Tassen- und Henkel" Muster oder das "Dreieck" Muster.
- Indikatorbasierte Muster: Diese Muster werden mithilfe technischer Indikatoren wie dem RSI oder dem MACD generiert und bieten zusätzliche Signale für mögliche Trendumkehrungen oder Fortsetzungen.

Das Erkennen von Chartmustern erfordert Erfahrung und Geschicklichkeit im Lesen von Preisdiagrammen. Trader nutzen diese Muster, um potenzielle Ein- und Ausstiegspunkte zu identifizieren und ihre Handelsentscheidungen zu unterstützen. Es ist jedoch wichtig zu beachten, dass Chartmuster nicht immer zuverlässig sind und Fehlsignale auftreten können, insbesondere in volatilen Märkten.

Die zuvor genannten Muster werden unter anderem in den folgenden Abschnitten genauer erläutert.

Kopf und Schultern

Das Schulter-Kopf-Schulter-Muster ist ein bedeutsames Trendumkehrmuster in der technischen Analyse von Finanzmärkten, einschließlich Kryptowährungen. Es zeigt sich in drei aufeinanderfolgenden Gipfeln auf einem Preisdiagramm und erinnert an die Form einer Schulter, eines Kopfes und einer Schulter.

Normalerweise tritt dieses Muster während einer Aufwärtsbewegung auf und deutet darauf hin, dass sich der Trend von bullisch (aufwärts) zu bärisch (abwärts) umkehren könnte.

Die erste Schulter bildet sich, wenn der Preis ein lokales Hoch erreicht, gefolgt von einem Rückgang und einer anschließenden Erholung, die den Kopf des Musters bildet, wobei der Preis ein höheres Hoch erreicht als zuvor. Dann bildet sich die zweite Schulter, wenn der Preis erneut ein lokales Hoch erreicht, das jedoch niedriger ist als der Kopf.

Das Muster gilt als vollständig, wenn der Preis unter die Nackenlinie fällt, die durch die Tiefs zwischen den beiden Schultern gezogen wird. Dieser Durchbruch signalisiert den Beginn einer möglichen Abwärtsbewegung und wird oft von Händlern als Verkaufssignal interpretiert.

Es ist entscheidend, dass Trader auch andere technische Indikatoren und Analysetools einsetzen, um die Gültigkeit des Schulter-Kopf-Schulter-Musters zu bestätigen und Fehlsignale zu vermeiden.

In der folgenden Abbildung ist ein anschauliches Beispiel für das Schulter-Kopf-Schulter-Muster zu erkennen.

Es verdeutlicht die charakteristische Formation von drei aufeinanderfolgenden Gipfeln auf einem Preisdiagramm, die die Form einer Schulter, eines Kopfes und einer Schulter bilden.

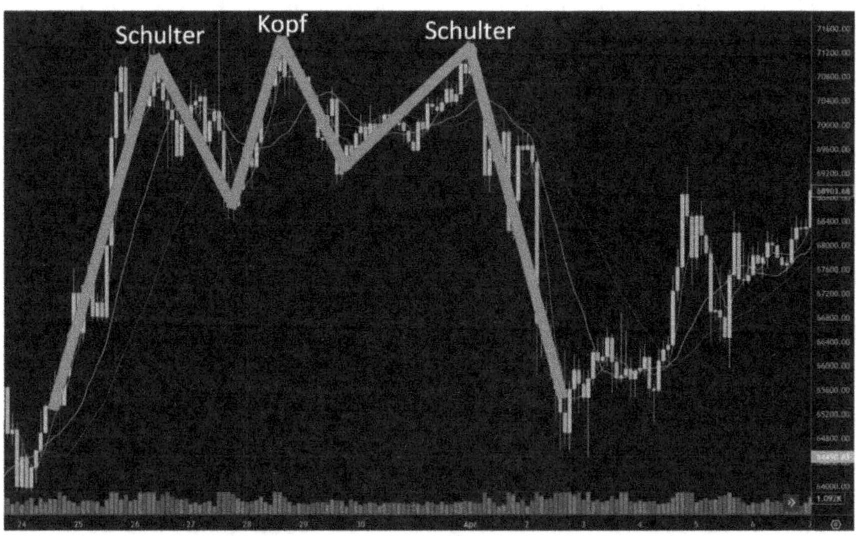

Abbildung 21: Schulter-Kopf-Schulter Formation

Doppelter Boden – Doppeltes Top

Das Doppelte-Boden-Muster ist eine bedeutende Formation in der technischen Analyse von Preisdiagrammen, speziell im Kryptowährungshandel.

Es fungiert als Anzeiger für eine mögliche Trendumkehr nach einem vorangegangenen Abwärtstrend und deutet darauf hin, dass ein Vermögenswert, der zuvor an Wert verloren hat, möglicherweise bald wieder ansteigen wird.

Diese Formation besteht aus zwei aufeinanderfolgenden Tiefpunkten, die sich auf ähnlichem Preisniveau befinden und durch ein Zwischenhoch getrennt sind. Dieses Zwischenhoch wird als Widerstandsniveau betrachtet, das überwunden werden muss, um das Muster zu bestätigen. Wenn der Preis dieses Widerstandsniveau durchbricht, wird dies oft als starkes Signal für eine bevorstehende Trendumkehr interpretiert.

Das Doppelte-Boden-Muster zeigt an, dass die Verkäufer müde werden und die Käufer stärker werden könnten. Dies bedeutet, dass die Marktteilnehmer optimistischer über den zukünftigen Wert des Vermögenswerts werden und bereit sind, ihn zu höheren Preisen zu kaufen.

Das Doppelte-Boden-Muster ähnelt einem W-Muster, da es sich bildet, wenn der Preis zweimal auf ein bestimmtes Niveau fällt (der "Boden") und dann zweimal nach oben steigt, wodurch ein Muster entsteht, das wie ein "W" aussieht.

Auf der anderen Seite ist das Doppelte-Top-Muster genau das Gegenteil vom Doppelten-Boden-Muster. Es tritt auf, wenn der Preis zweimal ein bestimmtes Niveau erreicht (das "Top") und dann zweimal nach unten fällt, was ein Muster erzeugt, das wie ein umgedrehtes "W" aussieht.

Daher ähnelt das Doppelte-Top-Muster einem M-Muster, das entsteht, wenn der Preis zweimal auf ein bestimmtes Niveau steigt (das "Top") und dann zweimal nach unten fällt, wodurch ein Muster entsteht, das wie ein "M" aussieht.

Es ist jedoch zu betonen, dass das Doppelte-Boden-Muster oder das Doppelte-Top-Muster allein nicht ausreicht, um Handelsentscheidungen zu treffen. Es sollte stets im Zusammenhang mit anderen technischen Indikatoren und Analysemethoden betrachtet werden, um die Wahrscheinlichkeit einer erfolgreichen Handelsentscheidung zu erhöhen.

In der folgenden Abbildung ist genau die Formation eines Doppelten-Boden-Musters zu erkennen.

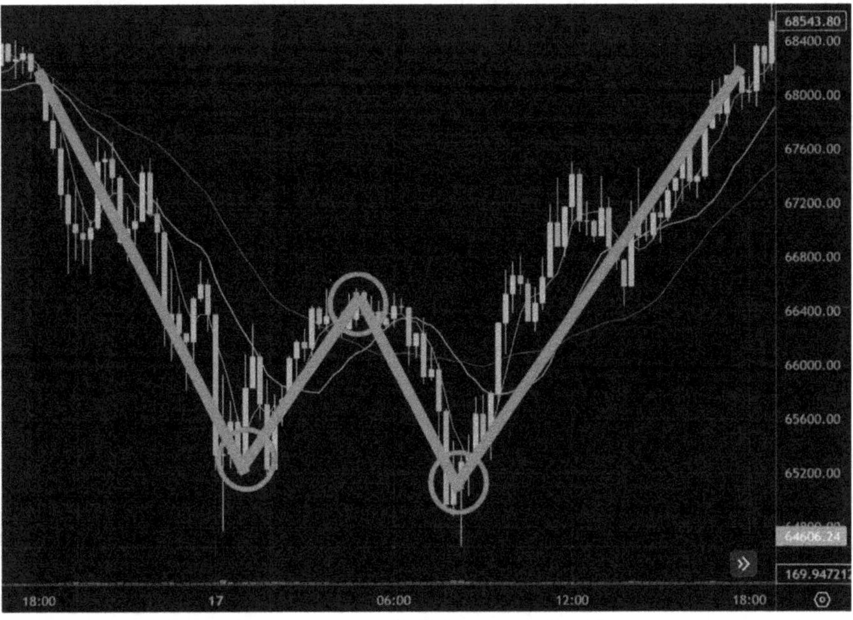

Abbildung 22: Doppelter Boden (W-Muster)

Exponentiell Gleitender Durchschnitt

Der EMA, auch bekannt als "Exponential Moving Average" oder "Exponentiell Gleitender Durchschnitt", ist ein technischer Indikator, der in der Finanzanalyse verwendet wird, um Preisdaten zu glätten und Trends zu identifizieren. Im Unterschied zum einfachen gleitenden Durchschnitt (SMA) reagiert der exponentiell gleitende Durchschnitt (EMA) aufgrund seiner stärkeren Gewichtung aktueller Daten schneller auf Kursänderungen. Dies erfolgt durch eine spezielle Formel, die den aktuellen Schlusskurs, den vorherigen EMA-Wert und eine glättende Konstante verwendet. Hauptanwendungsbereiche des EMA sind die Bestimmung von Auf- oder Abwärtstrends sowie die Identifizierung potenzieller Handelssignale, wenn sich der Preis über oder unter dem EMA bewegt.

Flaggen-Muster

Die Flaggenformation, ein häufig beobachtetes charttechnisches Muster in den Finanzmärkten, einschließlich Kryptowährungen, tritt typischerweise während Phasen der Konsolidierung oder Pause innerhalb eines bestehenden Trends auf und deutet oft darauf hin, dass sich die vorherige Kursbewegung fortsetzen wird.

Dieses Muster besteht aus zwei Hauptkomponenten: dem Flaggenmast und der Flagge. Der Flaggenmast repräsentiert eine steile und schnelle Preisbewegung in eine bestimmte Richtung, gefolgt von einer kurzfristigen seitlichen Konsolidierung oder einer geringfügigen Korrektur, die als "Flagge" bezeichnet wird. Visuell ähnelt dieses Muster einer Fahnenstange mit einer Flagge daran befestigt.

Ein entscheidender Faktor bei der Beobachtung der Flaggenformation ist das Handelsvolumen. Während der Bildung der Flagge sollte das Volumen vorzugsweise abnehmen, da dies darauf hinweist, dass das Interesse der Marktteilnehmer nachlässt und die Konsolidierung wahrscheinlich ist. Wenn die Flagge vollständig ausgebildet ist und der Preis ausbricht, sollte das Volumen zunehmen, um die Gültigkeit des Ausbruchs zu bestätigen.

Die Flaggenformation kann sowohl in einem Aufwärtstrend (bullish) als auch in einem Abwärtstrend (bearish) auftreten. Während eines Aufwärtstrends steigt der Preis schnell an (Flaggenmast), gefolgt von einer seitlichen Konsolidierung oder einer leichten Korrektur (Flagge). In einem Abwärtstrend fällt der Preis schnell (Flaggenmast) und bildet dann eine seitliche Konsolidierung oder eine geringfügige Erholung (Flagge).

Trader nutzen die Flaggenformation, um potenzielle Handelsmöglichkeiten zu identifizieren. Ein gängiger Ansatz besteht darin, auf einen Ausbruch aus der Flagge zu warten, entweder nach oben (bullish) oder nach unten (bearish). Ein Ausbruch über die obere Grenze der Flagge kann als Kaufsignal interpretiert werden, während ein Ausbruch unter die untere Grenze der Flagge als Verkaufssignal betrachtet wird.

Es gibt auch bestimmte Kriterien für eine optimale Bullenflagge. Der Kurs der jeweiligen Kryptowährung sollte sich über dem 20-Perioden-EMA (Exponentiell Gleitender Durchschnitt) befinden. Während der Konsolidierungsphase sollte mindestens ein kleines "Hoch" vorhanden sein, und es ist wichtig, dass kein Candlestick während dieser Phase ein Hoch unterhalb des 20-Perioden-EMA aufweist. Die Stärke des Trends ist ebenfalls ein wichtiger Faktor.

Diese Kriterien dienen lediglich als Orientierungshilfen für die Identifizierung einer Bullenflagge, und es gibt keine Garantie dafür, dass alle Bedingungen erfüllt sein müssen, damit das Muster als Bullenflagge betrachtet wird.

Trader sollten diese Hinweise zusammen mit anderen Analysetechniken verwenden, um fundierte Handelsentscheidungen zu treffen, wie beispielsweise die Marktstimmung, fundamentale Daten und externe Einflüsse, die den Kryptowährungsmarkt beeinflussen könnten.

Es ist wichtig, ein umfassendes Verständnis für den Markt zu entwickeln und verschiedene Analysemethoden zu kombinieren, um präzise Handelsentscheidungen zu treffen.

Es ist wichtig zu betonen, dass die Flaggenformation keine Garantie für zukünftige Preisbewegungen darstellt und wie jedes andere charttechnische Muster auch Fehlsignale liefern kann.

Daher ist es ratsam, zusätzliche Bestätigungssignale und Risikomanagementstrategien zu verwenden, um Handelsentscheidungen zu unterstützen.

Die folgende Abbildung veranschaulicht ein Beispiel für eine Bullenflagge und zeigt, wie dieses Muster in der Praxis aussehen kann. Die Bullenflagge ist ein beliebtes charttechnisches Muster, das häufig in Finanzmärkten, einschließlich Kryptowährungen, zu beobachten ist.

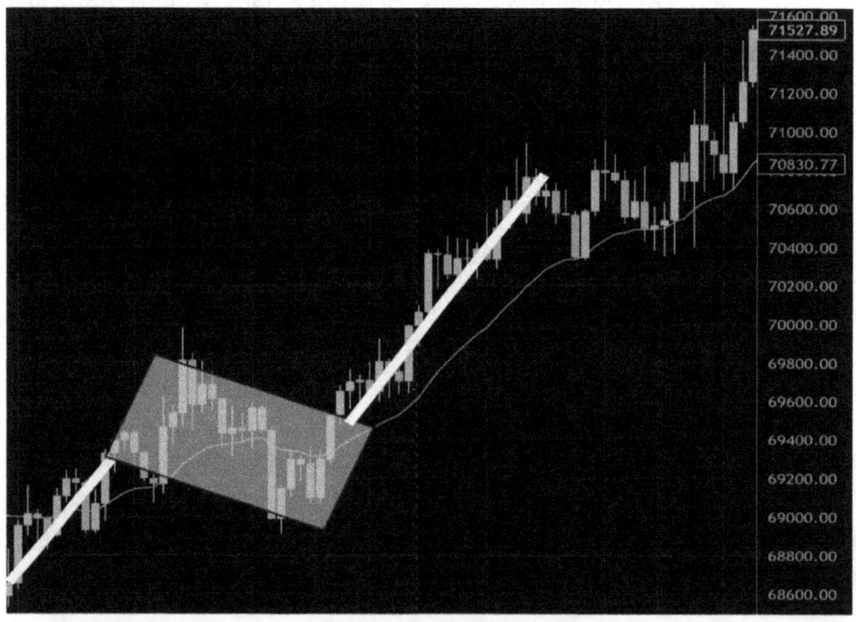

Abbildung 23: Bullenflagge

Die Bärenflagge basiert auf dem gleichen Prinzip wie die Bullenflagge, allerdings spiegelt sie einen abwärts gerichteten Trend wider.

Ähnlich wie bei der Bullenflagge besteht die Bärenflagge aus zwei Hauptkomponenten: dem Bärenmast und der Bärenflagge. Der Bärenmast repräsentiert einen steilen und schnellen Preisrückgang, gefolgt von einer seitlichen Konsolidierung oder einer leichten Erholung, die als Bärenflagge bezeichnet wird.

Die Bärenflagge ist ein Muster, das Trader verwenden, um potenzielle Abwärtstrends aufzuzeigen. Es ist wichtig, auch die Signale der Bärenflagge zusammen mit anderen Analysemethoden zu betrachten, um fundierte Handelsentscheidungen zu treffen.

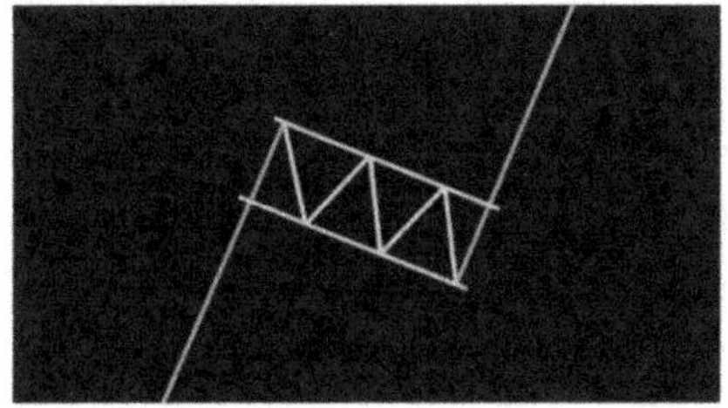

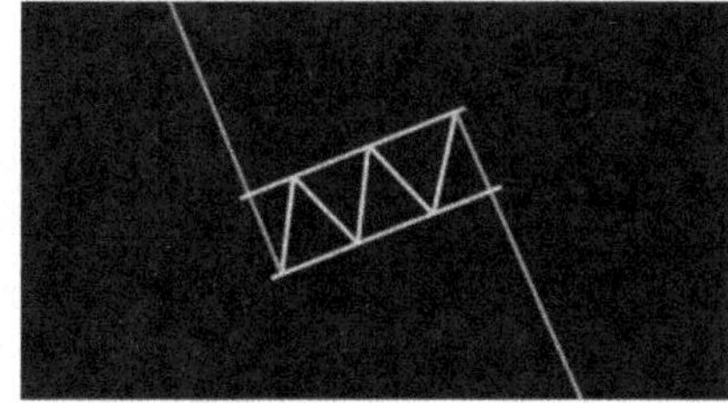

Abbildung 24: Bullenflagge (links) und Bärenflagge (rechts)

Tassen-Henkel-Muster

Das Tassen-Henkel-Muster (Cup-and-Handle-Pattern) ist ein beliebtes charttechnisches Muster, das auch in der Welt der Kryptowährungen weit verbreitet ist. Ähnlich wie auf anderen Finanzmärkten kann es auf Kryptomärkten als Indikator für potenzielle Trendumkehrungen oder -fortsetzungen dienen.

In einem Aufwärtstrend könnte das Tassen-Henkel-Muster darauf hinweisen, dass sich der Trend fortsetzen wird, nachdem eine

Konsolidierungs- oder Korrekturphase abgeschlossen ist. Trader könnten dies als Chance sehen, um Positionen zu eröffnen oder zu erweitern. In einem Abwärtstrend könnte das Muster darauf hindeuten, dass sich der Trend verlangsamt und eine mögliche Trendumkehr bevorsteht. Trader könnten dies als Anlass nehmen, um mögliche Long-Positionen zu überdenken oder Strategien für einen Trendwechsel zu entwickeln.

Es ist entscheidend zu betonen, dass das Tassen-Henkel-Muster nicht isoliert betrachtet werden sollte. Trader sollten zusätzliche Analysetechniken und Bestätigungssignale nutzen, um ihre Handelsentscheidungen zu unterstützen und das Potenzial für Fehlsignale zu minimieren. Das Muster entsteht, wenn der Kurs einen früheren Höchststand erneut testet und Verkaufsdruck von Händlern auslöst, die den Vermögenswert nahe diesem Niveau gekauft haben. Der Rückgang erfolgt jedoch nicht linear, sondern ähnelt eher einer "Flagge", was darauf hinweist, dass trotz des hohen Preises weiterhin Kaufinteresse besteht. Nachdem der Kurs den Widerstand durchbrochen hat, steigt er auf neue Höchststände, unterstützt von der allgemeinen Aufwärtsdynamik.

Wichtige Regeln beim Erkennen von Tassen-Henkel-Mustern sind:

- Länge: Tassen mit längeren und eher "U"-förmigen Böden signalisieren oft stärker. Steile "V"-förmige Böden sollten vermieden werden.
- Tiefe: Ein zu tiefer Henkel sollte vermieden werden, idealerweise sollte er sich in der oberen Hälfte der Tasse befinden.
- Volumen: Während des Rückgangs sollte das Handelsvolumen abnehmen und in der Basis der Schale unter dem Durchschnitt bleiben. Bei einem Anstieg in Richtung des jüngsten Höchststands sollte das Volumen zunehmen, was das Kaufinteresse bestätigt.

Es stehen verschiedene Handelsansätze für das Muster zur Verfügung. Eine Methode richtet sich an risikofreudige Trader, die einen Kaufauftrag beim Durchbruch der Widerstandstrendlinie des Henkels platzieren. Eine alternative Strategie besteht darin, auf den Schlusskurs über der Widerstandstrendlinie zu warten und dann eine Kaufposition einzugehen. Beim umgekehrten Tassen-Henkel-Muster, das ein bärisches Signal liefert, gelten ähnliche Prinzipien, jedoch in umgekehrter Richtung.

Insgesamt handelt es sich beim Tassen-Henkel-Muster um ein charttechnisches Muster, das häufig als Gelegenheit zum Kauf betrachtet wird und bullisch interpretiert wird. Es ist von Bedeutung, die charakteristischen Merkmale dieses Musters zu erkennen und die Regeln für seine Identifizierung zu berücksichtigen.

In der nachfolgenden Abbildung ist ein Beispiel für das Tassen-Henkel-Muster zu sehen.

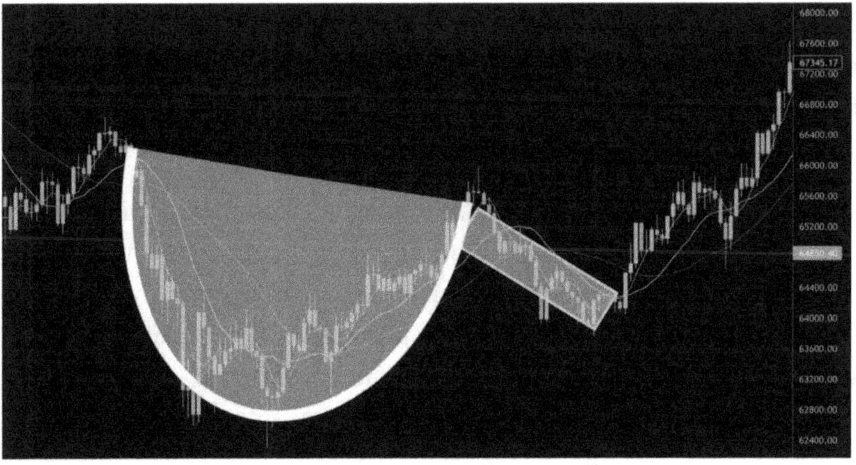

Abbildung 25: Tassen-Henkel-Muster

Trendlinie

Eine Trendlinie in Bezug auf Kryptowährungen ist eine Linie auf einem Preischart, die verwendet wird, um die Richtung und Stärke eines Trends anzuzeigen. Sie dient dazu, die allgemeine Kursbewegung eines Vermögenswerts zu visualisieren und potenzielle Unterstützungs- oder Widerstandsniveaus zu erkennen.

Trendlinien verbinden typischerweise die Hochs oder Tiefs auf einem Preischart, um den Trendverlauf zu zeigen. Sie helfen dabei, die Richtung des Preises zu verstehen und potenzielle Wendepunkte im Trend zu identifizieren.

In einem Aufwärtstrend wird die Trendlinie durch das Verbinden der Tiefs auf dem Chart erstellt und liegt unterhalb der Preisbewegung. Dies zeigt an, dass die Kurse tendenziell höhere Tiefs erreichen. Im Abwärtstrend hingegen wird die Trendlinie durch das Verbinden der Hochs auf dem Chart erstellt und liegt über der Preisbewegung, um anzuzeigen, dass die Kurse tendenziell niedrigere Hochs erreichen. Manchmal verläuft eine Trendlinie horizontal, was darauf hinweist, dass der Preis seitwärts gehandelt hat, ohne einen klaren Trend zu zeigen.

Trendlinien helfen Händlern dabei, günstige Zeitpunkte zum Kaufen oder Verkaufen zu erkennen. Wenn der Preis in einem Aufwärtstrend die Trendlinie berührt und dann nach oben abprallt, könnte das ein Zeichen sein, dass es Zeit ist zu kaufen. Im Gegensatz dazu könnte im Abwärtstrend, wenn der Preis die Trendlinie berührt und nach unten abprallt, das ein Signal sein, dass es Zeit ist zu verkaufen.

Es ist wichtig, Trendlinien mit anderen Analysemethoden und Indikatoren zu bestätigen, um die Genauigkeit der Handelsentscheidungen zu verbessern.

Zusammenfassend sind Trendlinien ein unverzichtbares Werkzeug für die technische Analyse von Kryptowährungen. Durch das Zeichnen von Trendlinien können Trader nicht nur den aktuellen Trend erkennen, sondern auch potenzielle Umkehrpunkte und Trendfortsetzungen identifizieren. Darüber hinaus ermöglichen Trendlinien eine bessere Einschätzung der Stärke eines Trends und helfen dabei, wichtige Unterstützungs- und Widerstandszonen zu bestimmen, was wiederum zu fundierten Handelsentscheidungen beiträgt.

In der Abbildung ist eine Trendlinie im Chart zu sehen, die dazu dient, die Richtung des Trends visuell darzustellen. Wenn der Preis die Trendlinie erreicht und davon abprallt, kann dies ein Hinweis darauf sein, dass sich der bestehende Trend fortsetzen wird. Trader nutzen diese Informationen, um potenzielle Einstiegs- oder Ausstiegspunkte zu identifizieren und ihre Handelsentscheidungen zu treffen. Dabei ist es wichtig, auch andere Indikatoren und Analysetools zu berücksichtigen, um eine fundierte Einschätzung der Marktlage zu erhalten.

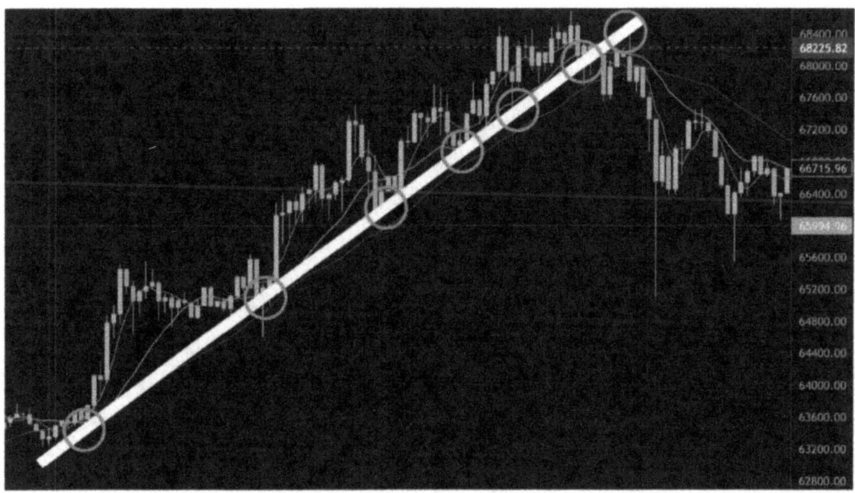

Abbildung 26: Trendlinie

Widerstands- und Unterstützungslinien

Widerstands- und Unterstützungslinien sind von grundlegender Bedeutung für die technische Analyse von Kryptowährungen und anderen Finanzmärkten. Sie werden in Diagrammen verwendet, um potenzielle Preisniveaus zu kennzeichnen, an denen der Kurs entweder auf Widerstand gestoßen ist (Widerstandslinie) oder Unterstützung gefunden hat (Unterstützungslinie). Die Widerstandslinie zeigt den Punkt an, an dem der Kurs oft abprallt und zurückfällt, da er diese unsichtbare Barriere nicht überwinden kann. Manchmal kann eine ehemalige Widerstandslinie, wenn sie durchbrochen wird, zur Unterstützungslinie werden. In diesem Fall kann der Preis nach dem Durchbrechen der Widerstandslinie zunächst etwas zurückgehen, aber die unsichtbare Unterstützungslinie verhindert einen weiteren Rückgang. Die psychologischen Aspekte der Trader sind hier von Bedeutung: Viele Händler betrachten das Absinken des Kurses bis zur vorherigen Widerstandslinie, die nun als Unterstützung fungiert, als günstige Gelegenheit für einen Einstieg, was den Kurs wieder steigen lassen kann.

Widerstands- und Unterstützungslinien sind dynamisch und können sich im Laufe der Zeit verschieben, je nach Marktbedingungen und dem Verhalten der Händler. Dennoch dienen sie als wichtige Orientierungspunkte für Händler, um potenzielle Einstiegs- und Ausstiegspunkte zu identifizieren und ihre Handelsstrategien zu planen.

Kurz gesagt, Widerstands- und Unterstützungslinien sind entscheidende Niveaus im Chart, die zeigen, wo der Preis in der Vergangenheit auf Hindernisse gestoßen ist oder Unterstützung gefunden hat. Wenn der Preis diese Linien erreicht, können sie als Signale für Händler dienen, ihre Positionen anzupassen oder neue Positionen zu eröffnen.

In der vorliegenden Abbildung ist deutlich zu erkennen, wie eine Widerstandslinie, nachdem sie durchbrochen wurde, eine neue Funktion als Unterstützungslinie übernimmt. Nachdem der Kurs den Widerstand überwunden hat und sich auf diesem Niveau stabilisiert, wird dieses zu einem Bereich, in dem Käufer wieder Interesse zeigen und den Kurs unterstützen.

Dieser Übergang von einer Widerstands- zu einer Unterstützungslinie spiegelt die Verschiebung der Marktpsychologie wider, wobei das frühere Hindernis nun als potenzielle Gelegenheit für Trader betrachtet wird, ihre Positionen zu eröffnen oder zu verlassen.

Dabei wird die neu etablierte Unterstützungslinie nicht nur als Preisniveau angesehen, an dem Käufer Interesse zeigen, sondern auch als Signal für eine mögliche Trendumkehr, was Trader dazu ermutigen könnte, ihre Strategien entsprechend anzupassen.

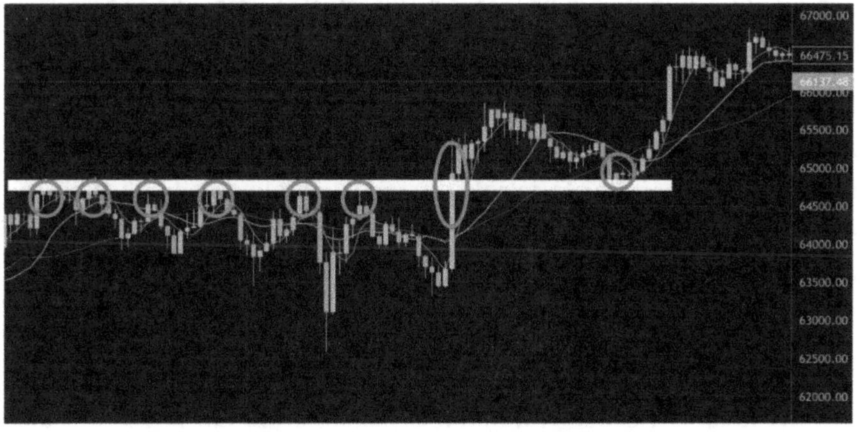

Abbildung 27: Widerstandslinie wird zur Unterstützungslinie

Trendkanal

Ein Trendkanal ist ein Konzept der technischen Analyse, das dazu dient, die Richtung und Stärke eines Trends auf einem Chart zu visualisieren. Es gibt verschiedene Arten von Trendkanälen: bullische, bärische und horizontale Kanäle. Er besteht aus zwei parallel verlaufenden Linien, die den oberen und unteren Bereich des Trends begrenzen. Die obere Linie wird als Widerstandslinie betrachtet, während die untere als Unterstützungslinie fungiert.

Trader nutzen Trendkanäle, um den Verlauf eines Trends zu verfolgen und potenzielle Ein- und Ausstiegspunkte zu identifizieren. Der Kurs pendelt oft zwischen der oberen Trendkanalgrenze (Widerstandslinie) und der unteren Grenze (Unterstützungslinie). Wenn der Kurs innerhalb des Kanals bleibt, deutet dies darauf hin, dass der Trend intakt ist. Ein Ausbruch über die obere Begrenzungslinie kann auf eine Beschleunigung des Trends hindeuten, während ein Durchbruch unter die untere Linie ein mögliches Trendumkehrsignal sein könnte.

Erfahrene Trader nutzen solche Kanäle, um Positionen zu eröffnen, aber Anfänger sollten vorsichtig sein. Wenn der Kurs die Unterstützungslinie berührt, wird normalerweise gekauft; umgekehrt, wenn der Kurs die Widerstandslinie berührt, wird verkauft. Dann wird abgewartet, bis der Kurs wieder zur Unterstützungslinie fällt. Dadurch wird das Risiko für Anfänger verringert.

Die Breite des Trendkanals kann variieren und hängt von der Volatilität des Marktes sowie der gewählten Zeitspanne ab. Ein breiterer Kanal deutet auf eine größere Volatilität hin, während ein engerer Kanal auf eine geringere Volatilität und möglicherweise eine bevorstehende Trendumkehr hinweisen kann. Trendkanäle sind daher nützliche

Werkzeuge für Trader, um den aktuellen Trend zu analysieren und ihre Handelsentscheidungen zu treffen.

Außerdem können Trader beobachten, wie der Kurs einer Kryptowährung im Vergleich zum EMA verläuft, um festzustellen, ob sich ein Trend verstärkt oder abschwächt. Wenn der Kurs über dem EMA liegt und gleichzeitig innerhalb des Trendkanals bleibt, kann dies darauf hindeuten, dass der Aufwärtstrend intakt ist.

Auf der anderen Seite könnte ein Kurs, der unter dem EMA liegt und die untere Grenze des Trendkanals durchbricht, ein möglicher Indikator für eine bevorstehende Abwärtsbewegung sein. Der Trendkanal kann auch in Verbindung mit dem RSI genutzt werden. Des Weiteren ist es wichtig, verschiedene Zeitrahmen zu berücksichtigen, bevor man handelt.

Es ist wichtig zu beachten, dass die Verwendung verschiedener Indikatoren und Linien eine gewisse Erfahrung und Kenntnisse erfordert. Trader sollten ihre Analysemethoden je nach Marktbedingungen und individuellen Handelsstrategien anpassen.

In der folgenden Abbildung ist ein Trendkanal aus einem persönlichen Trade dargestellt. Der Zeitrahmen beträgt hier 30 Minuten. Trendkanäle können bei niedrigeren oder höheren Zeitrahmen verwendet werden, wobei höhere Zeitrahmen oft aussagekräftigere Signale liefern.

Obwohl es anfangs schwierig sein kann, solche Trendkanäle zu erkennen, entwickelt man mit der Zeit ein Auge dafür. Dies erfordert kontinuierliches Üben und die Analyse von Charts, um die verschiedenen Formationen zu identifizieren und zu verstehen.

Durch regelmäßige Analyse und das Studium verschiedener Charts können Händler ihre Fähigkeiten verbessern und eine Vielzahl von

Formationen besser interpretieren, was letztendlich zu fundierteren Handelsentscheidungen führt.

Mit der Zeit und der Erfahrung werden Trader sensibler für diese Muster und können sie effektiver in ihre Handelsstrategien integrieren.

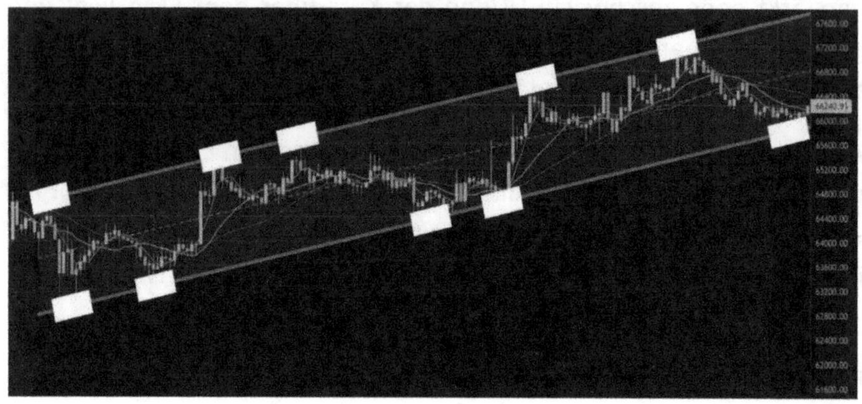

Abbildung 28: Trendkanal

Dreieck-Formation

Dreiecke sind beliebte Chartmuster im Handel mit Kryptowährungen, die Hinweise auf das Verhalten der Marktteilnehmer liefern und als Orientierung für den Einstieg und Ausstieg dienen.

Dreieck-Formationen entstehen, wenn die Volatilität des Kurses abnimmt und Hochs und Tiefs sich annähern, bevor der Kurs ausbricht und eine neue Trendbewegung beginnt.

Es gibt drei Haupttypen von Dreieck-Formationen: aufsteigende, absteigende und symmetrische. Jede hat spezifische Merkmale, wie horizontale Widerstands- und Unterstützungslinien oder aufeinander zulaufende Trendlinien.

Das aufsteigende Dreieck zeigt eine steigende Unterstützung und eine horizontale Widerstandslinie, während das absteigende Dreieck eine horizontale Unterstützung und eine fallende Widerstandslinie aufweist. Das symmetrische Dreieck hat zwei aufeinander zulaufende Trendlinien.

Diese Formationen können Tradern wichtige Signale liefern, um ihre Handelsentscheidungen zu treffen. Das Handelsvolumen zu Beginn von Dreiecksmustern ist oft hoch, weil zu diesem Zeitpunkt eine Phase der Unsicherheit einsetzt.

Wenn der Markt in eine Konsolidierungsphase übergeht und sich ein Dreiecksmuster bildet, sind sich die Marktteilnehmer nicht sicher, in welche Richtung der Preis als nächstes tendieren wird. Diese Unsicherheit führt zu verstärktem Handelsaktivität, da Händler versuchen, die Richtung des Ausbruchs vorherzusagen und sich entsprechend zu positionieren.

Da vorherige Trends Dynamik gewonnen haben, sind viele Marktteilnehmer aktiv und versuchen, ihre Positionen anzupassen oder neue Positionen einzunehmen, was zu einem erhöhten Handelsvolumen führt. Hochs und Tiefs setzen sich entgegengesetzt fort, was zur Entstehung von Dreiecksmustern führt. Währenddessen sinkt das Volumen, und Trader beobachten den Markt, bevor der Ausbruch erfolgt und das Volumen sprunghaft ansteigt.

Aufsteigende Dreiecke

Aufsteigende Dreiecke entstehen in Aufwärtstrends bei Kryptowährungen, wenn der Kurs an einem Widerstand abprallt, aber Käufer schnell bei Rücksetzern einsteigen. Der Kurs durchbricht dann den Widerstand und setzt den Trend fort.

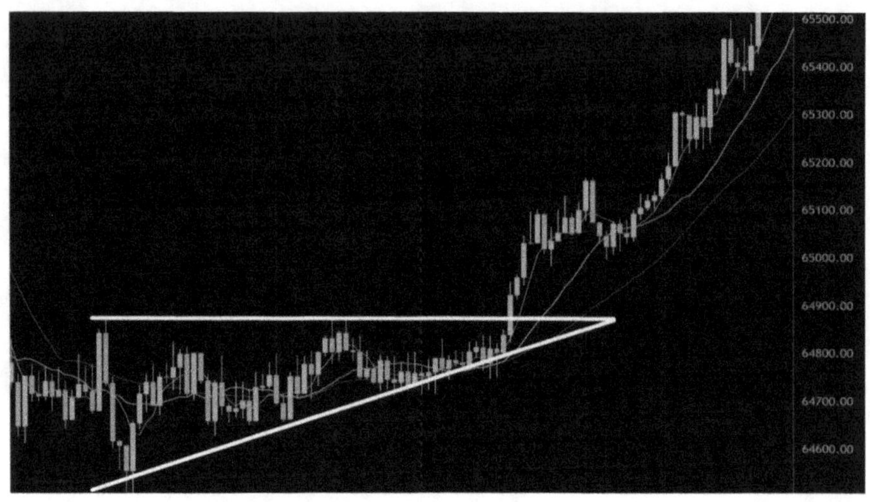

Abbildung 29: Aufsteigendes Dreieck

Absteigende Dreiecke

Absteigende Dreiecke bilden sich in Abwärtstrends bei Kryptowährungen, wenn Käufer immer wieder auf eine Unterstützung setzen, aber der Kurs letztendlich nach unten ausbricht, was den Abwärtstrend bestätigt.

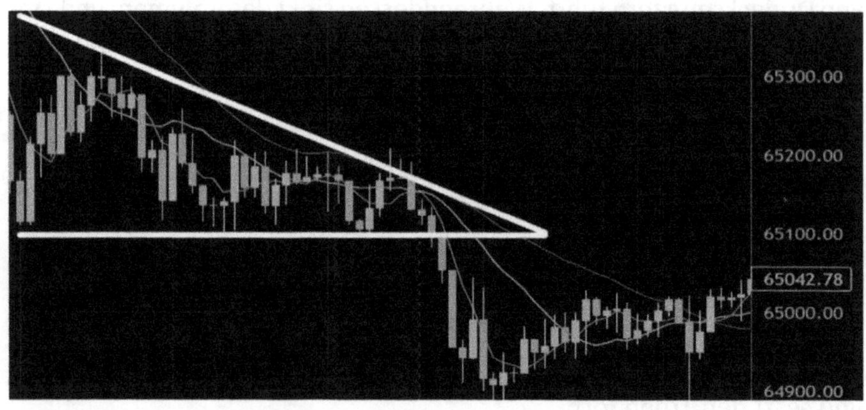

Abbildung 30: Absteigendes Dreieck

Symmetrische Dreiecke

Symmetrische Dreiecke sind interessante Muster, da sie sowohl Trendfortsetzungen als auch -umkehrungen signalisieren können. In einem symmetrischen Dreieck nähern sich die Hochs und Tiefs allmählich aneinander an und bilden zwei aufeinander zulaufende Trendlinien. Diese Formation deutet darauf hin, dass sich der Markt in einer Phase der Unsicherheit befindet, in der sich Angebot und Nachfrage zunehmend ausgleichen. Die Tatsache, dass symmetrische Dreiecke sowohl als Fortsetzungsmuster als auch als Umkehrmuster auftreten können, macht sie zu einem wichtigen Werkzeug für Trader. Ein Ausbruch aus einem symmetrischen Dreieck bestimmt letztendlich die Richtung, in die der Preis wahrscheinlich gehen wird. Wenn der Kurs über die obere Trendlinie ausbricht, deutet dies darauf hin, dass die Käufer stärker werden und der Trend voraussichtlich fortgesetzt wird. Im Gegensatz dazu signalisiert ein Durchbruch unter die untere Trendlinie, dass die Verkäufer die Kontrolle übernehmen und der Preis voraussichtlich fallen wird.

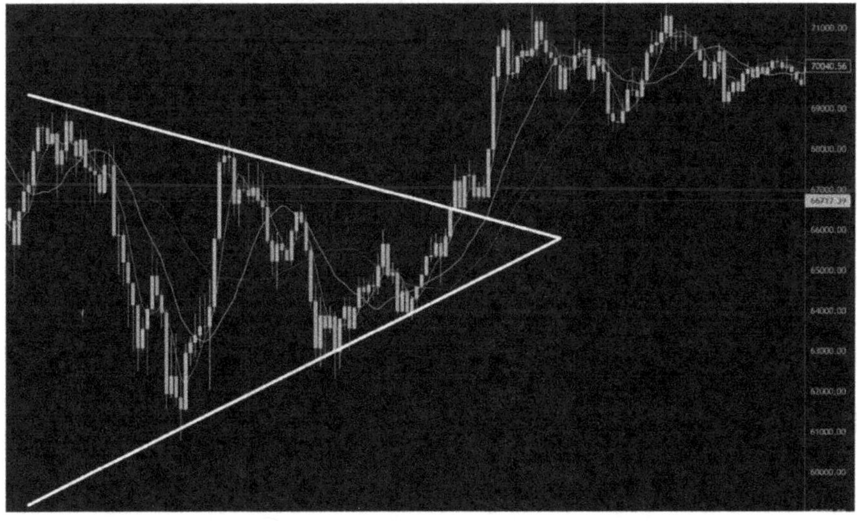

Abbildung 31: Symmetrisches Dreieck

Trader nutzen das Dreiecksmuster, um mögliche Änderungen oder Fortsetzungen von Trends zu erkennen. Um die Ausbruchsrichtung zu bestimmen, müssen verschiedene Faktoren berücksichtigt werden, wie die Richtung des Ausbruchs, das Handelsvolumen, vorherige Trends, die Analyse des Zeitrahmens und die Bestätigung durch andere Indikatoren.

VWAP

Der VWAP (Volume Weighted Average Price) ist ein Durchschnittspreis, der das Handelsvolumen berücksichtigt und im Handel mit Kryptowährungen verwendet wird. Er gibt an, zu welchem Preis ein bestimmter Krypto im Durchschnitt gehandelt wurde.

Wenn der aktuelle Kurs über dem VWAP liegt, bedeutet das, dass der Durchschnittspreis niedriger ist als der aktuelle Preis. Das kann darauf hindeuten, dass der Markt relativ stark ist.

Wenn der aktuelle Kurs unter dem VWAP liegt, bedeutet das, dass der Durchschnittspreis höher ist als der aktuelle Preis. Das kann darauf hindeuten, dass der Markt relativ schwach ist.

Die Analyse des Verhältnisses zwischen dem aktuellen Kurs und dem VWAP kann helfen, die Richtung des Trends und mögliche Änderungen im Markt für Kryptowährungen zu erkennen.

RSI

Der Relative Strength Index (RSI) ist ein technischer Indikator, der in der Analyse von Kryptowährungsmärkten verwendet wird, um die Stärke und Richtung eines Trends zu bewerten. Er dient dazu, überkaufte oder überverkaufte Zustände auf dem Markt zu identifizieren und ist somit für Händler und Analysten äußerst hilfreich.

Der RSI betrachtet die Geschwindigkeit und Veränderung der Preisbewegungen, indem er das Verhältnis der Aufwärts- und Abwärtsbewegungen über einen bestimmten Zeitraum untersucht. Seine Darstellung erfolgt üblicherweise auf einer Skala von 0 bis 100. Werte über 70 gelten als überkauft, was darauf hinweist, dass die Preise wahrscheinlich überbewertet sind und eine Korrektur nach unten bevorstehen könnte. Werte unter 30 gelten als überverkauft, was darauf hinweist, dass die Preise wahrscheinlich überverkauft sind und eine Erholung wahrscheinlich ist.

Händler können den RSI nutzen, um potenzielle Kauf- oder Verkaufssignale zu identifizieren. Ein RSI-Wert über 70 könnte ein Signal für einen möglichen Verkauf sein, da der Markt überkauft ist. Ein RSI-Wert unter 30 könnte ein Signal für einen möglichen Kauf sein, da der Markt überverkauft ist.

Es ist jedoch wichtig zu beachten, dass der RSI allein möglicherweise nicht ausreicht, um fundierte Handelsentscheidungen zu treffen. Händler kombinieren oft den RSI mit anderen technischen Indikatoren und Analysemethoden, um eine umfassendere Marktanalyse durchzuführen und potenzielle Handelschancen in der Welt der Kryptowährungen zu identifizieren.

In der folgenden Abbildung ist die RSI-Linie dargestellt.

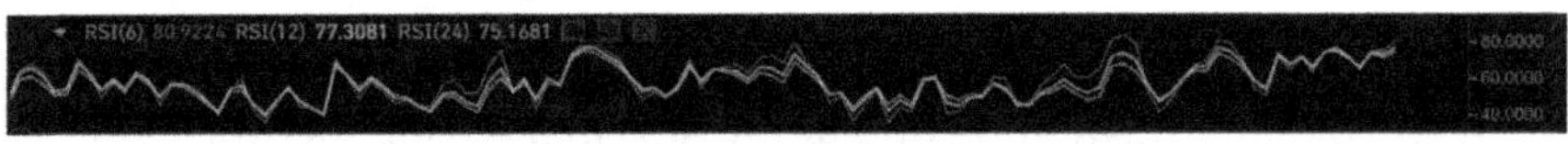

Abbildung 32: RSI-Indikator

MACD

Der MACD (Moving Average Convergence Divergence) ist ein beliebter technischer Indikator im Kryptowährungshandel, der verwendet wird, um potenzielle Trendumkehrungen und das Momentum eines Assets zu identifizieren. Er besteht aus zwei Hauptkomponenten: der MACD-Linie, der Signallinie und einem Histogramm. Die MACD-Linie wird berechnet, indem man den 26-Perioden-EMA (Exponential Moving Average) vom 12-Perioden-EMA subtrahiert. Die Signallinie wiederum ist ein 9-Perioden-EMA der MACD-Linie.

Ein Kaufsignal entsteht, wenn die MACD-Linie die Signallinie von unten nach oben durchkreuzt, während ein Verkaufssignal entsteht, wenn sie sie von oben nach unten durchkreuzt.

Das Histogramm, das unterhalb des MACD- und Signallinienplots angezeigt wird, misst den Abstand zwischen diesen beiden Linien. Ein größerer Abstand deutet auf einen stärkeren Trend hin, während ein kleinerer Abstand oder sogar ein Überkreuzen auf mögliche Trendumkehrungen hindeuten kann.

Der Abstand zwischen diesen beiden Linien, also der MACD-Linie und der Signallinie, ist ebenfalls wichtig. Ein größerer Abstand zwischen ihnen deutet auf einen stärkeren Trend hin, während ein kleinerer Abstand oder sogar ein Überkreuzen auf mögliche Trendumkehrungen hindeuten kann.

Zusätzlich zur Identifizierung von Trendumkehrungen kann der MACD auch verwendet werden, um Divergenzen zu erkennen. Konvergenz tritt auf, wenn die Kursbewegung und der MACD in dieselbe Richtung gehen. Das bedeutet, dass beide Linien näher zusammenkommen oder sich sogar schneiden. Dies deutet darauf hin, dass der aktuelle Trend bestätigt wird. Divergenz hingegen tritt auf, wenn die Kursbewegung und der MACD in entgegengesetzte Richtungen zeigen.

Wenn beispielsweise der Preis steigt, während der MACD fällt, liegt eine Divergenz vor. Dies könnte darauf hinweisen, dass der aktuelle Trend an Stärke verliert und möglicherweise bald eine Umkehr bevorsteht.

Die folgende Abbildung zeigt den Kursverlauf einer Kryptowährung zusammen mit der MACD-Linie, der Signallinie und dem Histogramm.

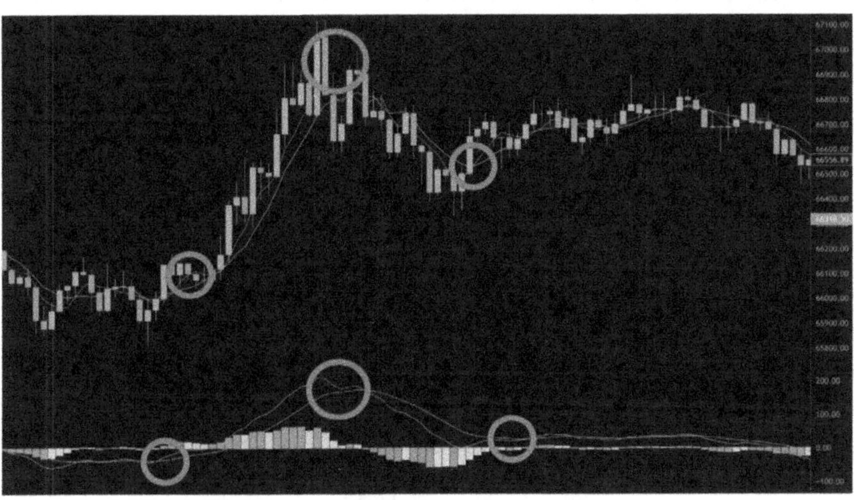

Abbildung 33: Moving Average Convergence Divergence

Kerze

Kerzencharts sind eine gängige Methode zur Darstellung des Preisverlaufs von Kryptowährungen. Jede Kerze repräsentiert einen bestimmten Zeitabschnitt wie eine Stunde, einen Tag oder eine Woche und visualisiert, wie sich der Preis in diesem Zeitraum entwickelt hat.

Eine Kerze besteht aus zwei Hauptteilen: dem Körper und den Dochten. Der Körper zeigt den Unterschied zwischen dem Eröffnungs- und dem Schlusskurs des betrachteten Zeitraums an. Ein grüner Körper deutet auf einen positiven Trend hin, wenn der Schlusskurs höher ist als der Eröffnungskurs. Ein roter Körper zeigt einen negativen Trend an, wenn der Schlusskurs niedriger ist als der Eröffnungskurs.

Die Dochte erstrecken sich über den oberen und unteren Rand des Körpers und zeigen die Preisschwankungen während des betrachteten Zeitraums an. Der obere Docht markiert das Hoch und der untere Docht das Tief während des Zeitraums.

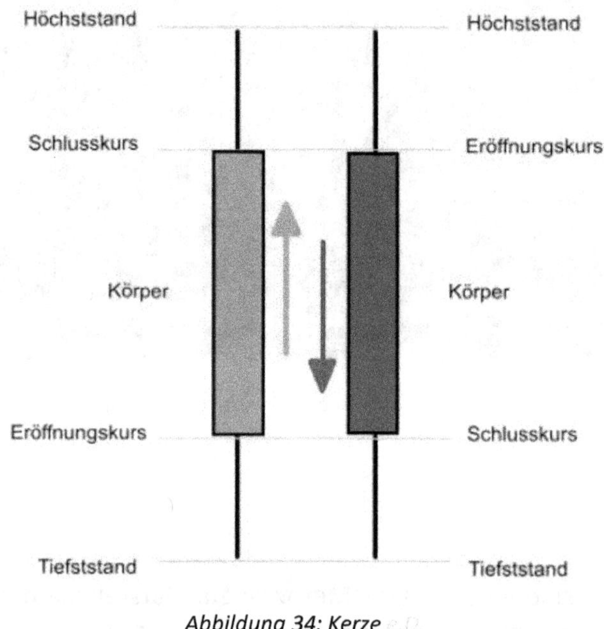

Abbildung 34: Kerze

Durch die Analyse von Kerzencharts erhält man wichtige Informationen über den Markt. Trends lassen sich erkennen, die Stärke und Richtung bewerten und potenzielle Umkehrpunkte identifizieren. Kerzencharts sind ein wichtiges Instrument für die technische Analyse im Kryptowährungshandel, da sie einem helfen, den Markt besser zu verstehen und fundierte Handelsentscheidungen zu treffen.

Kerzenmuster spielen im Kryptowährungshandel eine entscheidende Rolle bei der technischen Analyse. Sie ermöglichen wichtige Einblicke in potenzielle Wendepunkte und verdeutlichen die Entwicklung des Krypto-Marktes.

Ein besonders häufig auftretendes und bedeutsames Muster ist der "Hammer", der auf mögliche Veränderungen im Trend hinweisen kann.

Der "Hammer" ist ein häufig auftretendes Kerzenmuster in der technischen Analyse, das auf eine mögliche Trendumkehr hinweisen kann. Er zeichnet sich durch einen kleinen Körper und einen langen unteren Docht aus, was dem Aussehen eines Hammers ähnelt und ihm seinen Namen gibt.

Um ein Hammermuster zu erkennen, sollte der Körper der Kerze klein sein und sich nahe dem oberen Ende des Preisbereichs befinden. Der untere Docht sollte mindestens doppelt bis dreimal so lang sein wie der Körper der Kerze.

Ein Hammer tritt oft am Ende eines Abwärtstrends auf und deutet darauf hin, dass die Verkäufer möglicherweise erschöpft sind und die Käufer beginnen, die Kontrolle zu übernehmen. Obwohl der Preis zu Beginn des betrachteten Zeitraums deutlich gefallen ist, haben die Käufer am Ende die Oberhand gewonnen und den Preis nach oben gedrückt.

Es ist jedoch wichtig zu beachten, dass das Hammermuster allein nicht ausreicht, um eine Trendumkehr zu bestätigen. Es sollte immer im

Zusammenhang mit anderen technischen Indikatoren und der allgemeinen Marktsituation betrachtet werden, bevor Handelsentscheidungen getroffen werden.

In der Abbildung ist das Kerzenmuster "Hammer" deutlich erkennbar.

Ein Hammermuster zeichnet sich durch einen kleinen Körper und einen langen unteren Docht aus, wobei der Docht etwa 2–3-mal länger sein sollte als der Körper der Kerze. Dieses Muster deutet oft auf eine potenzielle Trendumkehr hin.

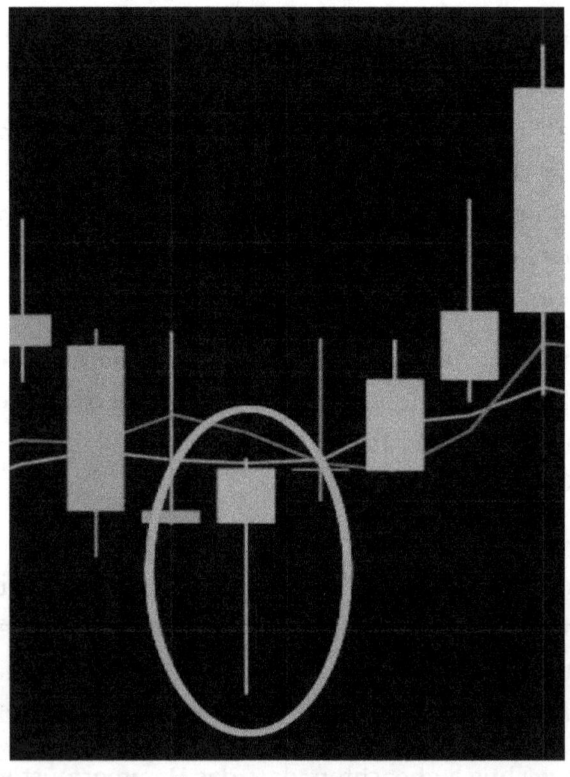

Abbildung 35: Kerzenmuster „Hammer e.A.“

Elliott-Wellen

Die Elliott-Wellen-Theorie ist eine Form der technischen Analyse, die besagt, dass Preisbewegungen an den Finanzmärkten einem bestimmten Muster folgen. Diese Muster werden als "Impulswellen" und "Korrekturwellen" bezeichnet.

Impulswellen sind durch starke Preisanstiege gekennzeichnet, während Korrekturwellen tendenziell weniger ausgeprägt sind. Laut der Theorie ist die dritte Welle oft die längste, da zu diesem Zeitpunkt eine breite Masse den Markt betritt und den Preis weiter nach oben treibt.

Die erste Welle (Welle 1) signalisiert den Beginn eines Preisanstiegs, angetrieben von einigen Käufern, die bei niedrigen Preisen aktiv werden.

Dann folgt Welle 2, in der einige Händler Gewinne mitnehmen und es zu einem leichten Rückgang kommt.

In Welle 3 betritt dann die breite Öffentlichkeit den Markt, was zu weiteren Preisanstiegen führt.

Welle 4 wird von Gewinnmitnahmen geprägt, während in Welle 5 eine kleine Gruppe bullischer Händler zu einem bereits hohen Preis Aktien kauft.

Korrekturwellen (A, B und C) treten nach den ersten fünf Impulswellen auf und bewegen sich entgegengesetzt zu diesen. Ihre Richtung kann je nach Markttrend nach oben oder unten zeigen.

Die in der Abbildung dargestellten Elliott-Wellen und ihre begleitenden Korrekturwellen sind grundlegende Bausteine der technischen Analyse im Kryptowährungshandel. Diese Instrumente ermöglichen es den Analysten, den komplexen Kursverlauf von Kryptowährungen zu strukturieren und zu verstehen. Durch die Identifizierung von Elliott-Wellen und ihren Korrekturphasen können Händler und Investoren potenzielle Muster und Trends im Markt erkennen.

Diese Analyse hilft dabei, sowohl kurzfristige Handelsmöglichkeiten als auch langfristige Investitionsstrategien zu entwickeln und zu verfeinern. Letztendlich unterstützt die detaillierte Untersuchung der Elliott-Wellen und Korrekturwellen dabei, fundierte Entscheidungen im Kryptowährungsmarkt zu treffen und das Risiko zu minimieren.

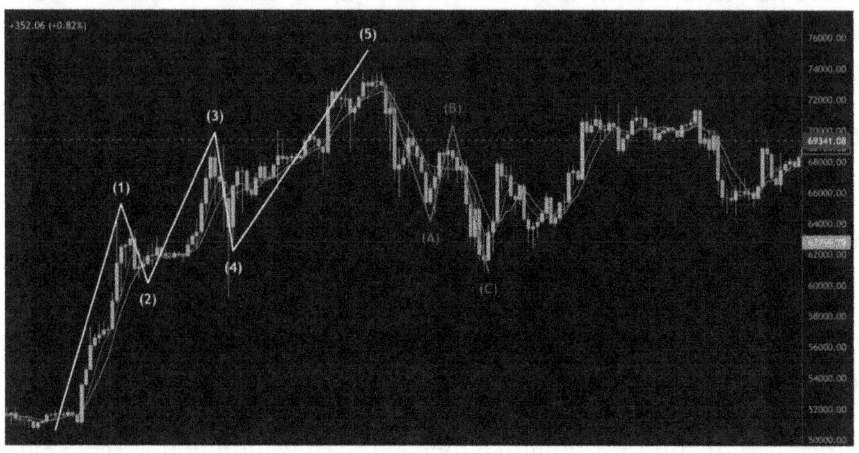

Abbildung 36: Elliott-Wellen

Fibonacci-Retracement

Fibonacci-Retracements sind im Kryptowährungshandel äußerst nützlich, da sie potenzielle Unterstützungs- und Widerstandsniveaus auf dem Preischart identifizieren können. Sie basieren auf der bekannten Fibonacci-Zahlenreihe, die in der Natur und in vielen mathematischen Phänomenen zu finden ist.

Die Grundidee der Fibonacci-Retracements beruht darauf, dass Märkte oft dazu neigen, sich um bestimmte Prozentsätze von vorherigen Bewegungen zurückzuziehen, bevor sie ihre vorherige Richtung wieder aufnehmen. Trader nutzen diese Rückzugsniveaus als potenzielle Einstiegs- oder Ausstiegspunkte, um zu spekulieren, dass sich der Kurs nach einer Korrektur wieder in die ursprüngliche Richtung bewegt.

Die Fibonacci-Folge, die diesen Retracements zugrunde liegt, ist eine Sequenz von Zahlen, die durch die Addition der beiden vorherigen Zahlen entsteht. Sie beginnt mit den Zahlen 0 und 1 und entwickelt sich zu (0, 1, 1, 2, 3, 5, 8, 13, 21, 34, 55, 89, 144 usw.). Diese Zahlenfolge ist bekannt für ihre faszinierenden Verhältnisse zueinander, wobei das Verhältnis einer Zahl zur nächsten gegen den Wert 0,618 tendiert und das Verhältnis einer Zahl zur vorherigen Zahl gegen 1,618 tendiert. Trader verwenden typischerweise Verhältnisse wie 23,6 %, 38,2 %, 50 %, 61,8 % und 78,6 %, um potenzielle Rückzugsniveaus zu identifizieren. Diese dienen dazu, mögliche Wendepunkte im Kursverlauf zu erkennen und fundierte Handelsentscheidungen zu treffen. Besonders die Verhältnisse von 0,382, 0,50 und 0,618 sind von großer Bedeutung, da sie den prozentualen Korrekturniveaus von 38,2 Prozent, 50 Prozent und 61,8 Prozent entsprechen.

Es ist jedoch wichtig zu betonen, dass Fibonacci-Retracements allein nicht immer zuverlässig sind und daher nicht als alleiniges Handelswerkzeug dienen sollten. Trader sollten sie in Verbindung mit anderen technischen Indikatoren und Analysen verwenden, um fundierte Handelsentscheidungen zu treffen und mögliche Risiken zu minimieren.

Die Abbildung zeigt ein Fibonacci-Retracement, welches, wie bereits erwähnt, im Kryptowährungshandel ein häufig verwendetes Instrument der technischen Analyse ist. Es visualisiert potenzielle Rückzugsniveaus auf dem Preischart, die auf der Fibonacci-Zahlenreihe basieren.

Diese Niveaus ermöglichen es Tradern, wichtige Punkte im Kurszyklus zu kennzeichnen und unterstützen sie dabei, potenzielle Wendepunkte im Kursverlauf zu erkennen, um fundierte Handelsentscheidungen zu treffen.

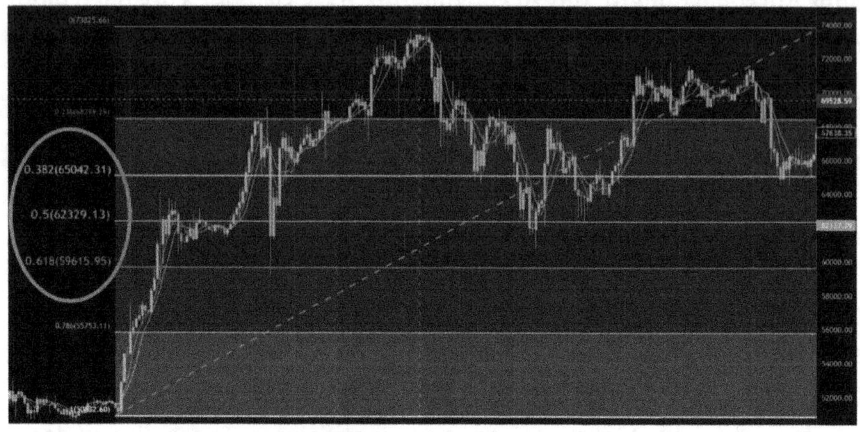

Abbildung 37: Fibonacci-Retracement

Bollinger-Bänder

Die Bollinger-Bänder sind ein gängiges Hilfsmittel in der technischen Analyse von Kryptowährungen, das in den 1980er Jahren von John Bollinger entwickelt wurde. Sie setzen sich aus drei Linien zusammen, die den Kursverlauf eines Vermögenswerts umgeben: einer Mittellinie und zwei Begrenzungslinien. Die Mittellinie wird häufig als gleitender Durchschnitt berechnet, während die Begrenzungslinien durch Hinzufügen und Subtrahieren derselben Menge an Standardabweichung vom gleitenden Durchschnitt gebildet werden.

Diese Bänder ermöglichen es, die Volatilität einer Kryptowährung zu bewerten und potenzielle überkaufte oder überverkaufte Zustände zu erkennen. Wenn der Kurs einer Kryptowährung die obere Begrenzungslinie berührt oder übersteigt, könnte dies darauf hindeuten, dass die Kryptowährung überkauft ist, während das Berühren oder Unterschreiten der unteren Begrenzungslinie auf einen überverkauften Zustand hinweisen könnte. Trader nutzen diese Erkenntnisse, um potenzielle Handelsgelegenheiten zu identifizieren und ihre Strategien entsprechend anzupassen.

In der folgenden Abbildung wird die Anwendung der Bollinger-Bänder in der technischen Analyse von Kryptowährungen veranschaulicht.

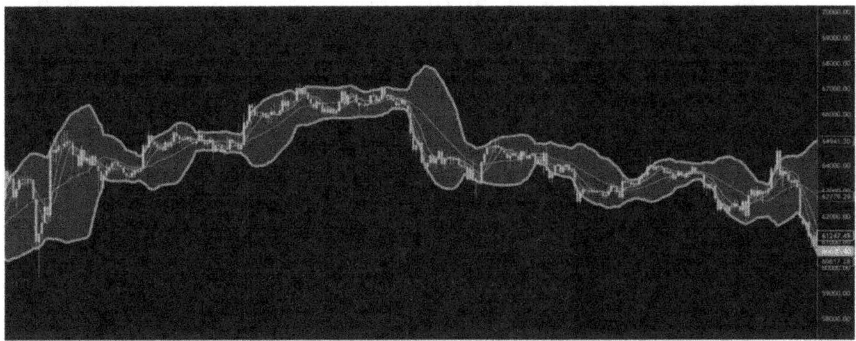

Abbildung 38: Bollinger-Bänder

Volume Profile

Das Volumenprofil ist ein Werkzeug zur Chartanalyse, das das Handelsvolumen über verschiedene Preisniveaus hinweg darstellt. Es visualisiert, wie viel Handelsaktivität an jedem Preisniveau stattgefunden hat, was Tradern hilft, wichtige Preisniveaus zu identifizieren, an denen sich eine bedeutende Kauf- oder Verkaufsaktivität ereignet hat.

Die Balken im Volumenprofil zeigen typischerweise zwei Farben: Eine repräsentiert das Kaufvolumen und die andere das Verkaufsvolumen.

Diese Farbgebung ermöglicht es Tradern, schnell zu erkennen, ob mehr Kauf- oder Verkaufsaktivität an einem bestimmten Preisniveau stattgefunden hat. Die POC (Point of Control) -Linie im Volumenprofil zeigt das Preisniveau an, an dem das größte Handelsvolumen aufgetreten ist. Dieser Punkt ist oft bedeutend, da er darauf hinweist, dass viele Händler an diesem Preisniveau aktiv waren und es als fairen Wert betrachten.

Trader können das Volumenprofil nutzen, um potenzielle Wendepunkte im Kursverlauf zu identifizieren und Handelsentscheidungen zu treffen. Zum Beispiel könnte ein hoher Volumenbereich in der Nähe des aktuellen Preises auf eine starke Unterstützungs- oder Widerstandszone hinweisen. Basierend auf diesen Informationen können Trader entscheiden, ob sie kaufen, verkaufen oder abwarten möchten, bis sich der Kurs in einem anderen Bereich bewegt.

Die nachfolgende Abbildung veranschaulicht das Volumenprofil einer Kryptowährung. Es zeigt die Verteilung des Handelsvolumens über verschiedene Preisniveaus und kann dabei helfen, wichtige Preisniveaus und Handelsbereiche zu identifizieren. Trader nutzen das Volumenprofil oft zur Analyse von Marktstimmungen und zur Entwicklung ihrer Handelsstrategien.

Abbildung 39: Volumenprofil einer Kryptowährung e. A.

Handelsvolumen

Der Handelsvolumen-Indikator ist ein bedeutendes Werkzeug in der Analyse des Kryptowährungsmarktes. Er ermöglicht es, das gehandelte Volumen von Kryptowährungen über verschiedene Zeitintervalle hinweg zu verfolgen. Ein Anstieg des Volumens wird oft als Hinweis auf eine Zunahme der Marktaktivität interpretiert, was auf verstärktes Interesse oder verstärkte Handelsaktivitäten hinweisen kann.

Auf der anderen Seite kann ein Rückgang des Volumens auf eine mögliche Abschwächung des Interesses oder eine Phase der Marktstabilisierung hindeuten.

Trader nutzen diesen Indikator, um ihre Handelsentscheidungen zu unterstützen und Marktstimmungen zu interpretieren. Ein erhöhtes Handelsvolumen kann beispielsweise die Bestätigung eines bestehenden Trends darstellen oder auf bevorstehende Preisbewegungen hinweisen. Sinkende Volumina können darauf hindeuten, dass der Markt an Dynamik verliert oder dass sich ein Trend erschöpft.

Durch die Kombination des Handelsvolumen-Indikators mit anderen technischen Analysen können Trader potenzielle Handelsmöglichkeiten identifizieren und besser verstehen, wie sich der Markt entwickelt.

Die folgende Abbildung veranschaulicht das Handelsvolumen von Kryptowährungen über einen bestimmten Zeitraum. Anhand der dargestellten Daten können Trader Trends in der Marktbeteiligung erkennen und potenzielle Handelsmöglichkeiten identifizieren. Das Volumen ist ein wichtiger Indikator für die Marktaktivität und kann dabei helfen, die Stärke von Kursbewegungen zu bewerten.

Die grünen Balken repräsentieren Perioden mit einem Anstieg des Handelsvolumens, während die roten Balken Perioden mit einem Rückgang des Handelsvolumens darstellen. Dies ermöglicht es den Händlern, die Intensität der Marktaktivität zu visualisieren und potenzielle Trends oder Umkehrpunkte zu identifizieren.

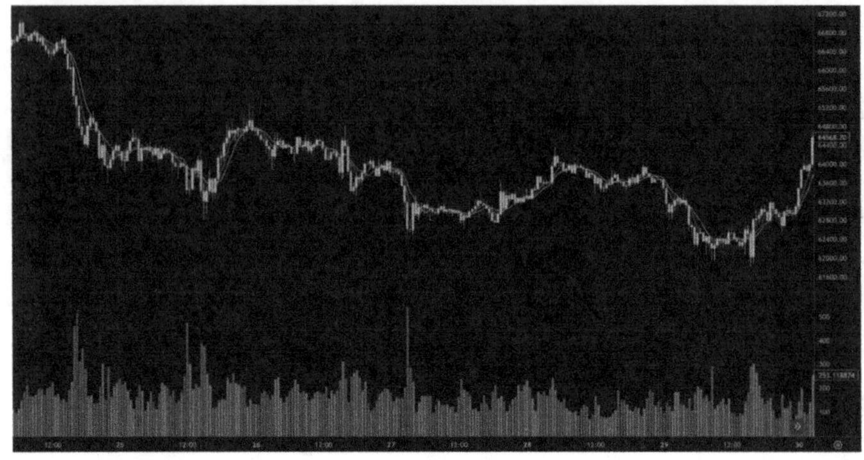

Abbildung 40: Handelsvolumen

Korrektur

Eine Korrektur im Zusammenhang von Kryptowährungen bezeichnet eine Preisbewegung, die darauf abzielt, übermäßige Preisänderungen auszugleichen, die während einer vorangegangenen Aufwärts- oder Abwärtsbewegung aufgetreten sind. Diese Korrekturen können in verschiedenen Formen auftreten, entweder als schrittweise Anpassung des Preises oder als schnelle und volatile Bewegung.

Die Gründe für Korrekturphasen im Preisverlauf von Kryptowährungen können vielfältig sein, und sie treten häufig nach bedeutsamen Preisbewegungen auf.

Korrekturen sind ein natürlicher Bestandteil des Preisverlaufs von Kryptowährungen. Wenn beispielsweise der Preis einer Kryptowährung über einen längeren Zeitraum stark gestiegen ist, kann dies zu einem Zustand führen, in dem die Preise über ihren tatsächlichen Wert steigen. Eine Korrektur könnte folgen, um diese übermäßigen Preisanpassungen auszugleichen und den Markt zu stabilisieren.

Händler nutzen Korrekturen, um potenzielle Umkehrpunkte im Preisverlauf zu erkennen und ihre Handelsstrategien entsprechend anzupassen. Eine Korrektur kann als Gelegenheit betrachtet werden, um zu einem günstigen Zeitpunkt in den Markt einzusteigen oder Gewinne mitzunehmen, wenn sich der Preis wieder in die entgegengesetzte Richtung bewegt. Um Korrekturen zu bewerten, greifen Händler oft auf verschiedene technische Analysewerkzeuge wie Fibonacci-Retracements, Unterstützungs- und Widerstandszonen sowie Trendlinien zurück.

Es ist wichtig zu beachten, dass Korrekturen nicht unbedingt das Ende eines Trends bedeuten, sondern eher eine vorübergehende Unterbrechung oder Anpassung innerhalb des übergeordneten Trends darstellen können. Daher ist es entscheidend, die Marktmechanismen zu verstehen und fundierte Entscheidungen auf der Grundlage einer gründlichen Analyse zu treffen.

Die dargestellte Abbildung visualisiert den Preisverlauf einer bestimmten Kryptowährung und verdeutlicht eine Korrektur von 18 %. Eine solche Anpassung kann auf eine Vielzahl von Faktoren zurückzuführen sein, die sowohl den Markt als auch die zugrunde liegende Währung betreffen.

Dazu gehören unter anderem die allgemeine Marktstimmung, Änderungen im Angebot und in der Nachfrage sowie externe Ereignisse, die das Vertrauen der Anleger beeinträchtigen könnten.

Es ist jedoch wichtig anzumerken, dass es auch Korrekturen gibt, die einen stärkeren Rückgang von über 50 % verzeichnen können, was die Volatilität und das Risiko im Kryptowährungsmarkt weiter verdeutlicht. Durch die Analyse solcher Korrekturen können Investoren ein besseres Verständnis für die Dynamik des Kryptowährungsmarktes entwickeln und ihre Handelsstrategien entsprechend anpassen.

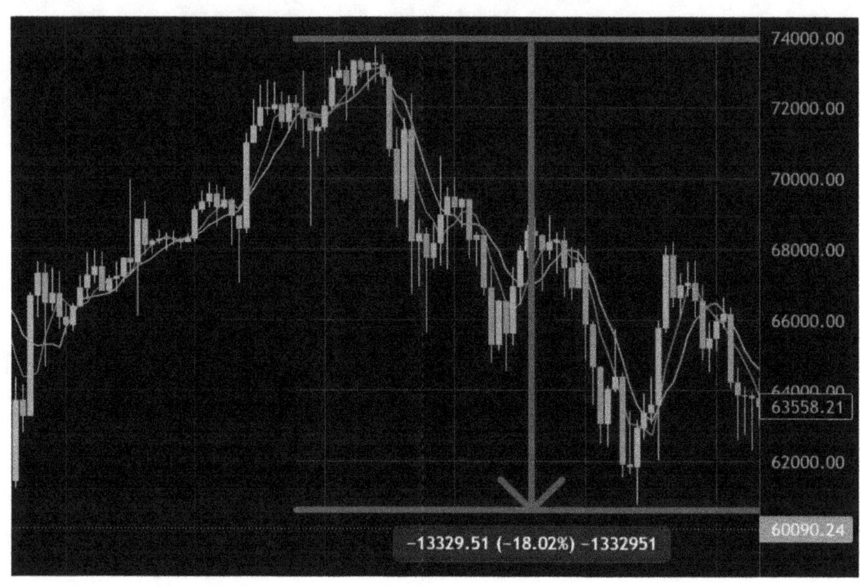

Abbildung 41: Korrektur e.A.

Bitcoin-Dominanz

Die Bitcoin-Dominanz ist ein bedeutender Indikator für den Anteil von Bitcoin am gesamten Kryptowährungsmarkt. Sie zeigt das Verhältnis der Marktkapitalisierung von Bitcoin zur gesamten Marktkapitalisierung aller Kryptowährungen. Da Bitcoin seit seiner Einführung den größten Marktanteil hat, wird seine Dominanz genau beobachtet.

Die Bitcoin-Dominanz hat verschiedene Funktionen:

Sie zeigt, wie stark Investoren auf Bitcoin im Vergleich zu anderen Kryptowährungen setzen. Eine hohe Dominanz bedeutet oft Vertrauen in Bitcoin als sicheren „Hafen“, während eine niedrige

Dominanz auf Risikobereitschaft und höhere Gewinnmöglichkeiten hindeutet.

Investoren nutzen die Bitcoin-Dominanz als eine wichtige Kennzahl, um ihre Investitionsstrategien zu gestalten. Bei einer hohen Dominanz von Bitcoin neigen sie dazu, ihre Portfolios durch Investitionen in andere Kryptowährungen zu diversifizieren, um das Risiko zu streuen und von potenziellen Renditen anderer Assets zu profitieren. Im Gegensatz dazu konzentrieren sie sich bei niedriger Bitcoin-Dominanz möglicherweise stärker auf Bitcoin selbst, da dies auf eine mögliche Stärkung von Bitcoin im Vergleich zu anderen Kryptowährungen hindeuten könnte.

Wenn die Dominanz von Bitcoin niedrig ist, bedeutet das, dass andere Kryptowährungen im Vergleich zu Bitcoin an Bedeutung gewinnen. Investoren setzen dann eher auf Bitcoin selbst, weil es oft als sichererer „Hafen“ gilt. Wenn andere Kryptowährungen an Dominanz gewinnen, können sie volatiler sein und größere Risiken bergen. So entscheiden sich Investoren möglicherweise für Bitcoin, weil es als zuverlässiger und stabiler betrachtet wird.

Ein Rückgang der Bitcoin-Dominanz deutet oft auf einen vielfältigeren Markt hin, da es mehr verschiedene Kryptowährungen gibt.

Händler verwenden die Bitcoin-Dominanz, um zwischen Bitcoin und anderen Kryptowährungen zu wählen. Bei steigender Dominanz setzen sie eher auf Bitcoin, bei sinkender eher auf andere Kryptowährungen.

Es ist wichtig zu verstehen, dass die Bitcoin-Dominanz allein nicht ausreicht, um Investmententscheidungen zu treffen. Der Kryptowährungsmarkt ist komplex und von vielen Faktoren beeinflusst.

Die dargestellte Abbildung bietet einen Überblick über die Bitcoin-Dominanz im Verhältnis zu anderen bedeutenden Kryptowährungen wie Ethereum, USDT, Binance Coin (BNB), Solana und weiteren. Die Bitcoin-Dominanz misst den prozentualen Anteil von Bitcoin an der Gesamtmarktkapitalisierung dieser digitalen Assets.

Diese Kennzahl ermöglicht es Investoren, das relative Gewicht von Bitcoin im Vergleich zu anderen Kryptowährungen zu verstehen und Rückschlüsse auf die Marktdynamik zu ziehen. Ein Vergleich der Bitcoin-Dominanz mit anderen Kryptowährungen kann wichtige Einblicke in die relative Stärke und Entwicklung des gesamten Kryptowährungsmarktes liefern, was wiederum für Anlageentscheidungen von Bedeutung ist.

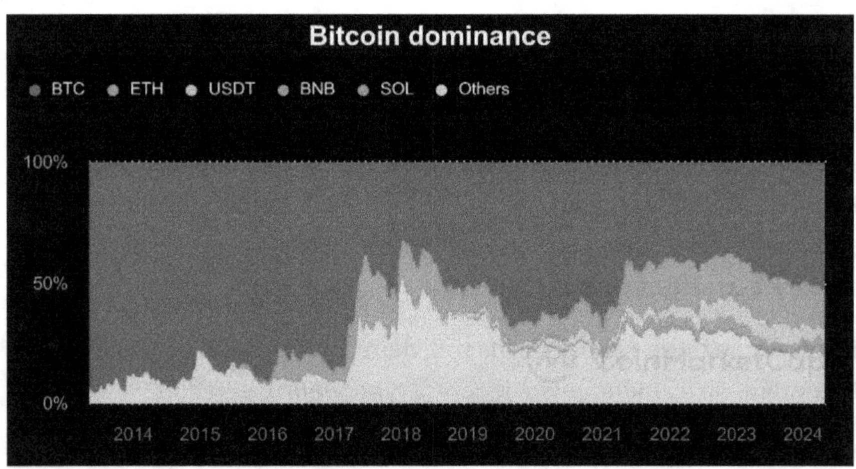

Diagramm 6: Bitcoin-Dominanz

Regeln beim Trading

Der Einstieg in den Handel erfordert ein Verständnis für eine Vielzahl von technischen Indikatoren und Handelsmustern. Es gibt noch viele weitere Analyseinstrumente und Strategien, die erkundet werden können. Es ist wichtig zu verstehen, dass Anfänger oft mit Herausforderungen konfrontiert sind und dass Geduld und Ausdauer notwendig sind, um Erfolg zu haben. Man sollte sich nicht zu euphorisch fühlen, sondern kontinuierlich lernen und üben, um langfristig bessere Ergebnisse zu erzielen.

Um das Risiko von Fehlern beim Trading zu reduzieren, haben wir einige Regeln aufgestellt. Es ist jedem selbst überlassen, diesen Regeln zu folgen. Es steht jedem frei, eigene Regeln zu entwickeln. Trading erfordert Disziplin und ist keineswegs einfach. Es ist oft schwieriger als es zunächst erscheinen mag. Die Mehrheit der Trader verliert Geld, insbesondere im Bereich der Kryptowährungen. Daher ist es entscheidend, Regeln zu befolgen, um Verluste zu minimieren und idealerweise Gewinne zu erzielen.

Goldene Regeln für das Kryptowährungstrading:

1. Bescheiden bleiben: Gier kann zu unüberlegten Entscheidungen führen.

2. Gelassenheit bewahren: Panikreaktionen bei Verlusten vermeiden und rationale Entscheidungen treffen.

3. Risikomanagement praktizieren: Einen Teil der Gewinne sichern, um das Risiko zu streuen und Verluste zu minimieren.

4. Diversifizieren: Nicht das gesamte Kapital in einzelne unbekannte Kryptowährungen investieren.

5. Verantwortungsbewusst handeln: Nur mit einem Betrag handeln, dessen Verlust verkraftet werden kann.

6. Geduld haben: Emotionen kontrollieren und auf langfristigen Erfolg setzen.

7. Überlegte Handelsentscheidungen treffen: Nach einem profitablen Trade nicht überstürzt handeln, sondern ruhig bleiben und die Situation genau beobachten.

8. Kontinuierliches Lernen: Sich ständig über den Markt und neue Handelsstrategien informieren, um sein Wissen zu erweitern.

9. Emotionen kontrollieren: Emotionale Reaktionen während des Tradings vermeiden und objektiv bleiben.

10. Realistische Ziele setzen: Klare und erreichbare Ziele definieren, um den Erfolg zu messen und motiviert zu bleiben.

11. Disziplin bewahren: An den festgelegten Handelsregeln und Strategien festhalten, auch wenn es schwerfällt.

12. Marktanalyse durchführen: Fundamentale und technische Analysen nutzen, um fundierte Handelsentscheidungen zu treffen.

13. Zeitmanagement beachten: Eine angemessene Balance zwischen Trading und anderen Lebensbereichen finden, um Überlastung zu vermeiden.

14. Selbstreflexion praktizieren: Die eigenen Handelsentscheidungen regelmäßig überprüfen und aus Fehlern lernen, um sich kontinuierlich zu verbessern.

15. Risikomanagement optimieren: Den Einsatz pro Trade entsprechend dem Risikoprofil anpassen und Verluste begrenzen.

Risikomanagement im Kontext von Kryptowährungen bezieht sich auf die Strategien und Maßnahmen, die ein Trader ergreift, um potenzielle Verluste zu minimieren und sein Kapital zu schützen. Dazu gehören die Festlegung von Stop-Loss-Orders, die Bestimmung der richtigen Positionsgröße basierend auf dem Risiko-Ertrags-Verhältnis, die Diversifizierung des Portfolios und die Begrenzung des Einsatzes auf einen bestimmten Prozentsatz des Gesamtkapitals.

Ein effektives Risikomanagement ermöglicht es dem Trader, in volatilen Märkten wie Kryptowährungen verantwortungsvoll zu handeln und langfristig erfolgreich zu sein.

Es gibt zweifellos weitere gute Regeln, doch jeder sollte auch seine eigenen Überlegungen anstellen, welche Regeln für ihn wichtig sind. Wichtig ist es jedoch, dass man sich in den meisten Fällen an die festgelegten Regeln hält. Anfängertrader sollten ihre Trades sorgfältig planen und zurückhaltend handeln. Dabei gilt oft: Weniger ist mehr.

Das war nur ein Einblick in das Trading. Es gibt noch viel mehr, was ein erfolgreicher Trader wissen sollte. Eine umfassende technische Analyse geht über die hier beschriebenen Punkte hinaus. Dennoch ist es wichtig zu verstehen, dass man nicht unbedingt 3 Monitore und 20 oder mehr Indikatoren benötigt, um erfolgreich zu sein. Am Anfang reichen ein Laptop und einige wenige Indikatoren aus. Doch vor allem benötigt man Geduld und Fachwissen, um den Chart richtig zu analysieren. Die genannten Punkte stellen eine ausgezeichnete Ausgangsbasis für Anfänger dar. Manchmal ist es auch nicht verkehrt, auf sein Bauchgefühl zu hören 😊. Durch Fleiß, Geduld, Interesse und Freude an Kryptowährungen und dem Trading kann man sich kontinuierlich verbessern.

5.4 Kryptowährung vs. Fiat-Währung

Der Abschnitt über Kryptowährungen bot bereits einen Einblick in deren Wesen. Im Vergleich dazu stehen Fiat-Währungen, wie Euro und Dollar, die als herkömmliche Geldmittel gelten. Während beide Arten als Zahlungsmittel fungieren und als potenzielle Wertanlagen dienen können, weisen sie doch erhebliche Unterschiede auf.

Ein bedeutender Unterschied liegt in ihrer Entstehung: Fiat-Geld wird von Zentralbanken und Regierungen gedruckt und kontrolliert, während Kryptowährungen durch Mining entstehen, wie bereits erläutert wurde. Da Kryptowährungen in einem dezentralen Netzwerk operieren, ohne zentrale Kontrolle durch Regierungen, erfolgen Transaktionen mithilfe der Blockchain-Technologie im Rahmen eines Peer-to-Peer-Netzwerks, ohne Vermittler wie Banken.

Des Weiteren unterscheiden sich Krypto- und Fiat-Transaktionen hinsichtlich ihrer Dauer und Gebühren: Kryptotransaktionen wie die von Bitcoin dauern nur Sekunden oder Minuten und verursachen geringe Gebühren, während Fiat-Transaktionen oft Tage dauern können und mit höheren Kosten verbunden sind. Zudem ist bei Kryptowährungen eine Rückbuchung nach einer Transaktion unmöglich, während dies bei Fiat-Währungen wie Dollar oder Euro möglich ist.

Ein wichtiger Faktor ist die Anonymität und der Datenschutz: Kryptowährungen bieten oft ein höheres Maß an Anonymität und Datenschutz im Vergleich zu traditionellen Fiatwährungen, da Transaktionen über Blockchain-Netzwerke pseudonymisiert sind. Ein weiterer Unterschied betrifft die Geldpolitik und die Inflation: Fiatwährungen werden von Zentralbanken und Regierungen kontrolliert, während Kryptowährungen wie Bitcoin eine algorithmisch festgelegte Geldpolitik haben, die sie unabhängiger von staatlicher Einflussnahme macht und potenziell gegen Inflation schützt.

Kryptowährungen erleichtern auch grenzüberschreitende Transaktionen und ermöglichen es Menschen auf der ganzen Welt, ohne die Notwendigkeit von Wechselkursen oder Banken direkt miteinander zu handeln. Jedoch sind Kryptowährungen in der Regel volatiler als Fiatwährungen, was bedeutet, dass ihre Preise schneller und stärker schwanken können, was sowohl Chancen als auch Risiken für Investoren darstellt.

Während Fiatwährungen weltweit weitaus breiter akzeptiert und verwendet werden als Kryptowährungen, wächst die Akzeptanz von Kryptowährungen stetig, insbesondere im E-Commerce und im Finanzsektor. Jedoch unterliegen Fiatwährungen strengen regulatorischen Rahmenbedingungen, während Kryptowährungen in vielen Ländern noch in einem rechtlichen Graubereich operieren. Die Regulierung von Kryptowährungen variiert je nach Land und kann sich auf deren Verwendung und Akzeptanz auswirken.

Insgesamt zeigt der Vergleich zwischen Kryptowährungen und Fiatwährungen die Vielfalt und die Besonderheiten der beiden Geldsysteme auf. Während Fiatwährungen eine lange Geschichte und eine etablierte Infrastruktur haben, bieten Kryptowährungen innovative Technologien und Potenziale für eine dezentralisierte Finanzwelt. Beide haben ihre Vor- und Nachteile, und ihre Entwicklung wird von zahlreichen Faktoren beeinflusst, darunter Technologie, Regulierung, und das Vertrauen der Nutzer. Obwohl Kryptowährungen noch immer ein relativ junges Phänomen sind, nehmen sie zunehmend an Bedeutung zu und verändern die Art und Weise, wie wir über Geld und Finanzen denken. Die Zukunft wird zeigen, wie sich diese beiden Arten von Währungen weiterentwickeln und wie sie sich gegenseitig beeinflussen werden.

Abbildung 42: Kryptowährung vs. Fiat-Währung

6 Vor- und Nachteile von Krypto- und Fiat-Währungen

Sowohl Kryptowährungen als auch Fiatwährung haben spezifische Eigenschaften, die sie als Zahlungsmittel definieren. Während sie einige Gemeinsamkeiten teilen, unterscheiden sie sich in verschiedenen Aspekten, darunter ihre Entstehung, ihre rechtliche Anerkennung und ihre Verwendungsmöglichkeiten.
Ein umfassender Vergleich dieser beiden Währungsarten ermöglicht es, ihre Vor- und Nachteile besser zu verstehen, ihre individuellen Eigenschaften und ihre jeweiligen Anwendungsbereiche genauer zu beleuchten.

6.1 Vorteile von Kryptowährungen

Kryptowährungen bieten zahlreiche Vorteile, darunter:

Dezentralisierung: Kryptowährungen sind dezentralisiert und benötigen daher keine Zwischenhändler.

Unabhängigkeit von Regierungen: Sie unterliegen keiner staatlichen Kontrolle und sind dank Kryptographie sicher.

Geringe Transaktionskosten: Die Kosten und Gebühren für Transaktionen sind im Vergleich zu Fiat-Transaktionen deutlich niedriger.

Schnelligkeit: Transaktionen werden in Sekunden oder Minuten abgewickelt, abhängig von der Netzwerkgeschwindigkeit.

Zeitunabhängige Transaktionen: Kryptowährungen können weltweit zu jeder Zeit gesendet und empfangen werden.

Manipulationssicherheit: Sie sind äußerst manipulations- und fälschungssicher.

Begrenzte Versorgung: Die begrenzte Anzahl von Coins jeder Kryptowährung trägt zur Wertstabilität bei.

Zugänglichkeit: Kryptowährungen ermöglichen es Menschen auf der ganzen Welt, unabhängig von ihrem Standort, Zugang zu Finanzdienstleistungen zu erhalten, insbesondere in Regionen mit eingeschränktem Bankwesen.

Transparenz: Aufgrund der öffentlichen Natur der Blockchain-Technologie sind Transaktionen mit Kryptowährungen transparent und nachvollziehbar, was das Vertrauen in das Finanzsystem stärken kann.

Reduzierung von Betrug und Missbrauch: Die dezentrale Natur von Kryptowährungen und die Verwendung von Verschlüsselungstechnologien tragen dazu bei, Betrug und Missbrauch im Finanzbereich zu reduzieren.

Mikrotransaktionen: Kryptowährungen ermöglichen es, auch kleinste Beträge wirtschaftlich effizient zu übertragen, was insbesondere für Mikrotransaktionen im Internet relevant ist.

Finanzielle Souveränität: Indem sie die Notwendigkeit einer Zwischeninstanz wie Banken reduzieren, bieten Kryptowährungen den Nutzern eine größere finanzielle Souveränität und Kontrolle über ihre eigenen Geldmittel.

6.2 Nachteile von Kryptowährungen

Die Kryptowährungen weisen auch einige Nachteile auf, darunter:

Hohe Volatilität: Kryptowährungen sind starken Wertänderungen unterworfen, was bedeutet, dass ihre Preise stark schwanken können.

Verlustrisiko: Das Investieren in Kryptowährungen birgt ein beträchtliches Verlustrisiko.

Unwiderrufliche Transaktionen: Falscheingaben von Transaktionsadressen können zu unwiderruflichen Überweisungen führen.

Einfluss einzelner Großinvestoren: Großinvestoren, auch bekannt als "Whales", können durch den Kauf oder Verkauf großer Mengen einer Kryptowährung den Kurs beeinflussen.

Technische Komplexität: Die Nutzung von Kryptowährungen erfordert oft technische Kenntnisse, insbesondere wenn es um Aspekte wie das Einrichten und die Verwaltung von Wallets, den Umgang mit privaten Schlüsseln und die Sicherheit von Transaktionen geht. Dies kann eine Hürde für Personen sein, die nicht mit der erforderlichen Technologie vertraut sind.

Verlust der Wallet: Der Verlust des Zugangs zur Wallet bedeutet den dauerhaften Verlust der darin gespeicherten Gelder.

Risiko von Geldwäsche und krimineller Nutzung: Die Anonymität von Kryptowährungen birgt das Risiko der Geldwäsche und des illegalen Handels.

Umweltauswirkungen und hoher Energieverbrauch: Der Prozess des Minings, bei dem neue Kryptowährungseinheiten erstellt werden, erfordert oft erhebliche Mengen an Rechenleistung und Energie. Dies kann zu Umweltauswirkungen führen, insbesondere wenn die Energie, die für das Mining verwendet wird, aus nicht erneuerbaren Ressourcen stammt.

Nicht zum Tilgen von Schulden geeignet: Kryptowährungen können (noch) nicht verwendet werden, um Schulden zu begleichen.

Internetabhängigkeit: Transaktionen mit Kryptowährungen erfordern normalerweise eine Internetverbindung.

Regulatorische Unsicherheit: Aufgrund der relativ neuen und sich entwickelnden Natur von Kryptowährungen gibt es oft Unsicherheit darüber, wie sie von Regierungen und Aufsichtsbehörden behandelt werden. Dies kann zu rechtlichen Herausforderungen und Einschränkungen führen, die die Verwendung und den Handel mit Kryptowährungen beeinträchtigen können.

Mangelnde Akzeptanz: Obwohl die Akzeptanz von Kryptowährungen zunimmt, insbesondere in einigen Branchen und Ländern, sind sie immer noch bei weitem nicht so weit verbreitet wie Fiatwährungen. Viele Händler und Dienstleister akzeptieren immer noch keine Kryptowährungen als Zahlungsmittel, was ihre Nützlichkeit einschränken kann.

Anfälligkeit für Sicherheitsbedrohungen: Da Kryptowährungen digital sind, sind sie anfällig für verschiedene Arten von Cyberangriffen und Sicherheitsverletzungen, einschließlich Hacks von Börsen und Wallets sowie Phishing-Angriffen. Dies kann zu erheblichen finanziellen Verlusten für Benutzer führen und das Vertrauen in Kryptowährungen beeinträchtigen.

6.3 Vorteile der Fiat-Währung

Fiatwährungen werden als allgemein akzeptierte Zahlungsmittel betrachtet und bieten im Vergleich zu Kryptowährungen auch eine Reihe von Vorteilen:

Allgemeine Akzeptanz: Fiatwährungen sind als allgemein akzeptierte Zahlungsmittel etabliert und unterliegen der Kontrolle von Zentralbanken, die die Stabilität und den Wert der Währung gewährleisten.

Regulatorische Unterstützung: Fiatwährungen unterliegen oft strengen regulatorischen Rahmenbedingungen, die den Verbrauchern ein gewisses Maß an Schutz bieten und das Vertrauen in das Finanzsystem stärken.

Kreditmöglichkeiten: Die Verwendung von Fiatgeld ermöglicht es den Verbrauchern, Kredite aufzunehmen und große Anschaffungen wie Immobilien zu tätigen.

Physische Präsenz: Im Gegensatz zu rein digitalen Währungen sind Fiatwährungen physisch vorhanden, was den Nutzern ein Gefühl von Sicherheit und Vertrautheit vermittelt.

Vertrauen und Bekanntheit: Fiatwährungen haben oft das Vertrauen und die Bekanntheit der Bevölkerung hinter sich, da sie seit vielen Jahren als primäres Zahlungsmittel verwendet werden, was das Vertrauen der Verbraucher in ihre Stabilität und Zuverlässigkeit stärkt.

Gesetzliche Zahlungsmittel: Fiatwährungen werden in vielen Ländern gesetzlich als offizielles Zahlungsmittel anerkannt, was bedeutet, dass Schulden, Steuern und andere finanzielle Verpflichtungen in dieser Währung beglichen werden können.

Flexibilität in der Geldpolitik: Die Möglichkeit, Fiatgeld nach Bedarf zu drucken, bietet den Regierungen eine flexible Geldpolitik, die zur Stabilisierung der Wirtschaft beitragen kann.

Stabilität in Wertschwankungen: Fiatwährungen unterliegen im Allgemeinen weniger starken Wertschwankungen als Kryptowährungen, was das Risiko des Wertverlustes verringert und eine verlässliche Grundlage für den Handel bietet.

Vielseitige Verwendungsmöglichkeiten: Mit Fiatwährungen können verschiedene Waren und Dienstleistungen erworben werden, was eine breite Palette von Transaktionen ermöglicht und den Alltag der Menschen unterstützt.

Bargeldloses Bezahlen: Die Verwendung von Debit- und Kreditkarten ermöglicht es den Verbrauchern, Einkäufe bargeldlos zu tätigen, was bequem und praktisch ist und den Handel erleichtert.

Teilbarkeit: Fiatwährungen sind teilbar, was bedeutet, dass sie in kleinere Einheiten wie Cent unterteilt werden können, um den Anforderungen verschiedener Transaktionen gerecht zu werden.

Möglichkeit der Rückbuchung: Im Falle von Fehltransaktionen oder betrügerischen Aktivitäten bieten Banken und Finanzinstitute die

Möglichkeit der Rückbuchung, was ein zusätzliches Maß an Sicherheit für die Verbraucher darstellt.

Anlagemöglichkeiten: Fiatwährungen bieten Anlegern die Möglichkeit, ihr Geld sicher anzulegen und die Prinzipien der Liquidität, Rentabilität und Sicherheit im Rahmen des magischen Dreiecks der Geldanlage zu berücksichtigen.

6.4 Nachteile der Fiat-Währung

Es gibt jedoch nicht nur Vorteile, sondern auch Nachteile von Fiatwährungen im Vergleich zu Kryptowährungen:

Währungsvielfalt: In verschiedenen Ländern gibt es unterschiedliche Fiatwährungen, was bedeutet, dass man nicht überall mit derselben Währung bezahlen kann. Zum Beispiel kann man in den USA nicht direkt mit Euro bezahlen, sondern müsste sie zuerst in Dollar umtauschen, was oft mit Gebühren verbunden ist.

Inflationsrisiko: Schlechte Geldpolitik kann zu Inflation führen, wodurch der Wert der Währung sinkt. Historische Daten zeigen, dass einige Fiatwährungen im Laufe der Zeit erheblich an Wert verloren haben.

Wertverlust durch unbegrenzte Produktion: Da Fiatwährungen unbegrenzt produziert werden können, besteht die Gefahr eines drastischen Wertverlustes.

Abhängigkeit von Banken und Regierungen: Fiatwährungen unterliegen der Kontrolle von Banken und Regierungen, was zu einer Abhängigkeit von diesen Institutionen führen kann. Diese Abhängigkeit kann die

finanzielle Freiheit der Bürger einschränken und den Datenschutz gefährden, da Banken und Regierungen Transaktionen überwachen und kontrollieren können.
Diebstahlsrisiko: Physisch berührbare Fiatwährungen sind anfälliger für Diebstahl.

Verwaltungskosten: Die Verwaltung von Fiatgeldern verursacht Kosten wie Kontoführungsgebühren und möglicherweise auch Strafzinsen für hohe Guthaben.

Anfälligkeit für externe Einflüsse: Fiatwährungen sind anfällig für politische Instabilität, wirtschaftliche Krisen und staatliche Interventionen. Diese externen Einflüsse können dazu führen, dass das Vertrauen in die Währung sinkt und ihr Wert abnimmt. Wenn Banken oder Regierungen Maßnahmen ergreifen, um die Wirtschaft zu stabilisieren, kann dies zu Inflation oder Währungsabwertung führen, was sich negativ auf die Kaufkraft der Bürger auswirkt.

Transaktionszeiten: Transaktionen mit Fiatwährungen können Stunden oder sogar Tage dauern, bis sie abgeschlossen sind.

Fälschungsrisiko: Aufgrund der einfachen Technologie, die hinter Fiatwährungen steht (Papiergeld, Druck), ist das Fälschen von Geld, vergleichsweise einfacher, obwohl es Sicherheitsmaßnahmen gibt.

Übertragung von Krankheiten: Die physische Beschaffenheit von Fiatgeldern birgt das Potenzial zur Übertragung von Krankheiten. Dies wurde besonders während der COVID-19-Pandemie deutlich, was zu einer verstärkten Nutzung kontaktloser Bezahlmethoden geführt hat.

6.5 Fazit zu Kryptowährung vs. Fiat-Währung

Insgesamt bieten sowohl Kryptowährungen als auch Fiatwährungen, eine Vielzahl von Vor- und Nachteilen, die es zu berücksichtigen gilt. Kryptowährungen haben zweifellos das Potenzial, das Finanzsystem zu revolutionieren, da sie dezentralisiert, sicher und schnell sind. Ihre Blockchain-Technologie ermöglicht Transaktionen ohne Vermittler und bietet somit mehr Kontrolle und Sicherheit für die Nutzer. Zudem können Kryptowährungen weltweit zu jeder Zeit gesendet und empfangen werden, was die grenzüberschreitende Zahlungsabwicklung erleichtert. Auf der anderen Seite sind Kryptowährungen jedoch auch bekannt für ihre extreme Volatilität, was bedeutet, dass ihre Preise stark schwanken können und somit ein erhöhtes Risiko für Investoren darstellen. Darüber hinaus sind sie anfällig für betrügerische Aktivitäten wie Hacks, Phishing und Ponzi-Systeme, da sie oft von der Anonymität des Internets profitieren.

Im Gegensatz dazu bieten Fiatwährungen eine gewisse Stabilität und breite Akzeptanz, da sie von Regierungen und Zentralbanken kontrolliert werden. Sie ermöglichen es den Verbrauchern Kredite aufzunehmen und größere Anschaffungen zu tätigen und bieten eine physische Form von Geld, die ein Gefühl von Sicherheit vermitteln kann. Fiatwährungen sind auch in der Lage, Inflation und Deflation durch eine angepasste Geldpolitik zu regulieren, obwohl sie auch anfällig für übermäßige Inflation und Abwertung sein können.

Es ist wichtig, sowohl die Vor- als auch die Nachteile von Kryptowährungen und Fiatwährungen sorgfältig abzuwägen, um fundierte Entscheidungen im Umgang mit verschiedenen Währungsformen zu treffen. Letztendlich hängt die Wahl zwischen Kryptowährungen und

Fiatwährungen von den individuellen Bedürfnissen, Risikobereitschaft und Vorlieben ab, und eine ausgewogene Betrachtung der Vor- und Nachteile kann dazu beitragen, die richtige Entscheidung zu treffen.

7 Empirische Studie

In unserer Studie haben wir uns mit der Einstellung der Menschen in Deutschland zu Kryptowährungen befasst und untersucht, ob sie diese als die Währung der Zukunft betrachten. Wir haben auch untersucht, inwieweit das Wissen über Kryptowährungen in der Bevölkerung verbreitet ist.

Um diese Fragen zu beantworten, haben wir empirische Studien durchgeführt, die sich auf verschiedene Altersgruppen und Berufe konzentrierten. Dabei haben wir einen Fragebogen entwickelt, um das Wissen und die Meinungen der Teilnehmer zu erfassen. Zusätzlich haben wir eine Reihe von Online-Interviews geführt, um tiefergehende Einblicke zu erhalten und direkte Einblicke in die Meinungen und Einstellungen der Menschen zu gewinnen.

Unser Ziel war es, zu verstehen, wie Kryptowährungen von der breiten Bevölkerung wahrgenommen werden und ob sie als potenzielles Zahlungsmittel betrachtet werden. Darüber hinaus wollten wir herausfinden, ob das traditionelle Fiat-Geld möglicherweise durch Kryptowährungen ersetzt werden könnte. Unsere Ergebnisse liefern wichtige Einblicke in die aktuellen Trends und Meinungen zum Thema Kryptowährungen und tragen dazu bei, die Zukunft dieses Finanzinstruments besser zu verstehen.

7.1 Analyse

Durch die Nutzung eines Online-Fragebogens konnten wir wertvolle Einblicke in die Meinungen und Einstellungen der Menschen zu

Kryptowährungen gewinnen. Mit Angaben zu Beruf, Alter und Geschlecht konnten wir sehen, in welchen Bevölkerungsgruppen die Kryptowährung besonders präsent ist.
Insgesamt haben wir 800 Fragebögen verteilt, von denen 650 zurückgeschickt wurden. Zusätzlich führten wir zwei Online-Interviews durch, um die Meinungen eines Bankiers und eines Geschäftsführers zu ermitteln.

Unsere Teilnehmer waren zwischen 12 und 81 Jahren alt, wobei Männer mit 70 % und Frauen mit 30 % vertreten waren. Die Berufsgruppen waren vielfältig und reichten von Handwerkern über Büroangestellte bis hin zu Beamten, Soziologen, Akademikern, Bankiers, Brokern, Geschäftsführern, Rentnern, Studenten und Schülern.

Die durchschnittliche Altersspanne betrug 37,6 Jahre. Unsere Analyse ergab, dass etwas weniger als 20 % der Befragten bereits von Kryptowährungen gehört haben, wobei 25 % dieses Wissen genauer einschätzen konnten. Dies entspricht etwa einem Viertel derjenigen, die von Kryptowährungen gehört hatten. Nur 3 % der Befragten gaben an, dass sie Kryptowährungen kaufen würden, während der Rest angab, noch nicht ausreichend Erfahrung mit dieser Art von Währung zu haben. Etwa 1 % der Teilnehmer besaßen bereits Kryptowährungen.

Eine bedeutende Anzahl von Menschen empfindet Kryptowährungen als risikoreicher im Vergleich zu Aktien, was durch unsere eigene Analyse bestätigt wurde. 96 % unserer Befragten teilten diese Auffassung. Interessanterweise waren jedoch 95 % der Ansicht, dass höhere Gewinne mit einem entsprechend höheren Risiko verbunden sein können.

Eine der zentralen Fragestellungen in unserer Untersuchung war die Betrachtung der Rolle von Kryptowährungen als potenzielle zukünftige

Währung. Die Teilnehmer wurden gefragt, ob sie glauben, dass Kryptowährungen das herkömmliche Zahlungsmittel vollständig ersetzen und zu einem grundlegenden Bestandteil des zukünftigen Finanzsystems werden könnten. Interessanterweise gaben 99 % der Befragten an, dass sie dies nicht für wahrscheinlich halten. Diese überwältigende Mehrheit vertrat die Ansicht, dass Kryptowährungen nicht die traditionellen Währungen ersetzen sollten oder könnten.

Die Begründungen für diese Ablehnung waren vielfältig. Eine häufig genannte Überlegung war die Wertsicherheit. Viele Teilnehmer empfinden Sicherheit in der Fassbarkeit und Stabilität herkömmlicher Währungen, die durch physische Präsenz und die Gewissheit staatlicher Regulierung gegeben ist. Für sie besteht die Sicherheit darin, etwas Greifbares zu haben, das von einer etablierten Institution wie einer Zentralbank oder Regierung unterstützt wird.

Darüber hinaus äußerten einige Befragte Bedenken hinsichtlich der Stabilität und Zuverlässigkeit von Kryptowährungen. Sie wiesen darauf hin, dass Kryptowährungen oft starken Wertschwankungen unterliegen und dass die Zukunft dieser digitalen Währungen ungewiss sei. Diese Unsicherheit führte zu Skepsis bezüglich ihrer Eignung als langfristiges Zahlungsmittel.

Ein weiterer wichtiger Aspekt, der von den Befragten hervorgehoben wurde, war die Notwendigkeit einer breiten Akzeptanz und Integration von Kryptowährungen in die bestehende Wirtschaftsstruktur. Viele Teilnehmer betonten, dass eine erfolgreiche Einführung von Kryptowährungen als allgemein akzeptiertes Zahlungsmittel eine umfassende Unterstützung seitens Regierungen, Finanzinstitute und Unternehmen erfordern würde, was zum aktuellen Zeitpunkt nicht gegeben sei.

Insgesamt reflektiert die überwältigende Mehrheit der Antworten eine tief verwurzelte Skepsis und Zurückhaltung gegenüber der Vorstellung, dass Kryptowährungen das traditionelle Finanzsystem vollständig transformieren könnten. Diese Erkenntnisse liefern wertvolle Einblicke in die Wahrnehmung und Einschätzung von Kryptowährungen durch die breite Bevölkerung und zeigen die Herausforderungen auf, die mit ihrer potenziellen Integration in die Finanzwelt verbunden sind.

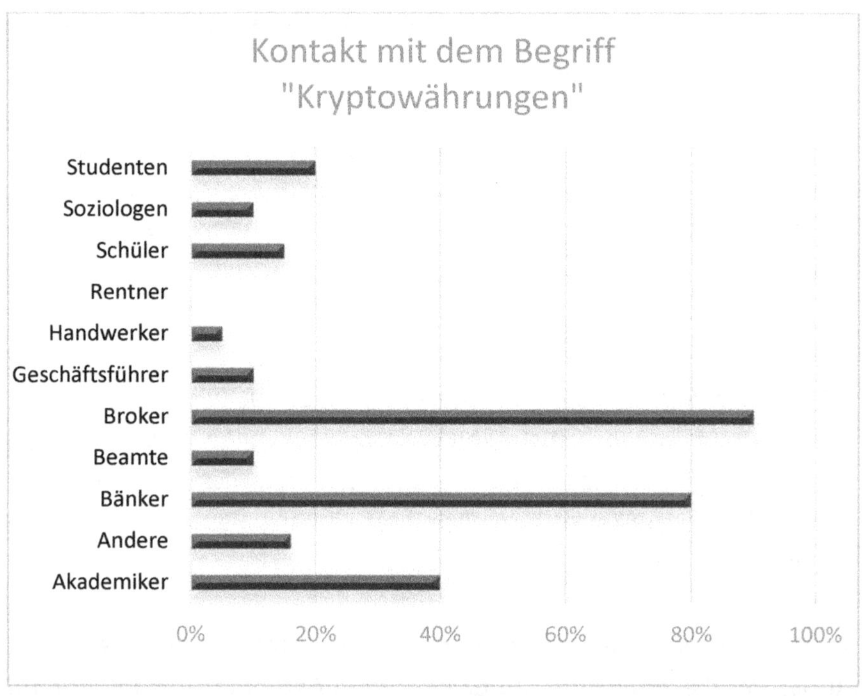

Diagramm 7: Kontakt mit dem Begriff „Kryptowährungen"

7.2 Interviews

Das Interview mit dem Bankier bot uns Einblicke in die Perspektive einer Person, die täglich mit Fiat-Geld arbeitet. Seiner Ansicht nach sind Kryptowährungen eine riskante Investition. Dennoch erkennt er gelegentlich deren Potenzial als lohnende Anlage. Angesichts der zunehmenden Auswirkungen der Inflation betont er die Notwendigkeit eines alternativen Plans, der Fiat-Geld nicht vollständig ersetzt, sondern modifiziert, möglicherweise durch die Implementierung innovativer Technologien. Wie erwartet, beinhalten einige seiner Empfehlungen eher Investitionen in Aktien und Fonds als in Kryptowährungen.

Das Gespräch mit einem Geschäftsführer verdeutlichte die Bedeutung der zugrunde liegenden Blockchain-Technologie, die für viele Unternehmen interessanter sein könnte als die Kryptowährungen selbst. Die Möglichkeit, große Geldbeträge schnell und effizient weltweit zu versenden, wird als wesentlicher Vorteil betrachtet, der Geschäftsabläufe beschleunigen kann. Jedoch wird die hohe Volatilität der Kryptowährungen als Problem angesehen.

Darüber hinaus zeigt sich die Blockchain-Technologie als äußerst nützlich für die Verbesserung der Lieferketten. Aktuelle Supply-Chain- und Logistikprozesse leiden oft unter ineffizienter Papierarbeit und der Nutzung uneinheitlicher Systeme. Die Integration von Blockchain ermöglicht eine transparentere und effizientere Erfassung und Überprüfung wichtiger Ereignisse entlang des Transportprozesses, unabhängig von Ort und Zeit. Zusätzlich können Synergien mit dem Zahlungssektor genutzt werden, um automatisierte Zahlungen zu erleichtern.

Generell zeigt sich eine zunehmende Neugier und Interesse, an Kryptowährungen insbesondere bei jüngeren Menschen. Viele sehen darin das Potenzial für eine alternative Form des Finanzwesens, die weniger von traditionellen Institutionen abhängig ist. Jedoch geben einige Befragte an, dass sie sich aufgrund ihrer mangelnden Erfahrung und Kenntnisse noch unsicher fühlen.

Sie betrachten Kryptowährungen zwar als interessantes Konzept, sind aber zögerlich sich vollständig darauf einzulassen. Die Idee einer vollständigen Ersetzung von Fiat-Geld durch Kryptowährungen wird von den meisten Befragten als unrealistisch angesehen, da sie die bestehenden Systeme und Infrastrukturen nicht einfach über Nacht verdrängen können. Trotz des wachsenden Interesses bestehen also noch eine gewisse Skepsis und Zurückhaltung gegenüber dem vollständigen Übergang zu Kryptowährungen.

Abbildung 43: Wie stehen Menschen zum Thema Kryptowährungen

8 Währung der Zukunft?

Vor einem Jahrzehnt hätte kaum jemand für möglich gehalten, dass Kryptowährungen wie Bitcoin und Ethereum jemals die Popularität erreichen würden, die sie heute genießen. Dennoch haben sie sich zu einem Investmentinstrument entwickelt, das bei Großinvestoren zunehmend Anklang findet, wobei milliardenschwere Investitionen getätigt werden. Auch immer mehr Unternehmen erkennen das Potenzial von Kryptowährungen und ihrer zugrunde liegenden Technologie. Im Gegensatz dazu sind die Wissenslücke und Achtsamkeit bei Privatpersonen, wie in unserer Umfrage deutlich wurde, noch deutlich spürbar. Obwohl der Bekanntheitsgrad von Kryptowährungen im Vergleich zu vor zehn Jahren gestiegen ist, haben sie das Vertrauen vieler Menschen noch nicht vollständig gewonnen. Die meisten Personen, die Kryptowährungen besitzen, betrachten sie eher als Investition zur Vermögenssteigerung anstatt als Mittel zum Kauf von Waren und Dienstleistungen.

Ein herausragendes Merkmal von Kryptowährungen ist ihre extrem schnelle Transaktionszeit. Zahlungen können innerhalb von Sekunden weltweit abgewickelt werden.

Gleichzeitig sind die Transaktionskosten im Vergleich zu traditionellen Finanzsystemen minimal, was Kryptowährungen und die zugrunde liegende Blockchain-Technologie für viele Unternehmen äußerst attraktiv macht. Zudem sind Kryptowährungen äußerst fälschungssicher, im Gegensatz zu Fiat-Geld, das häufig gefälscht wird.

Ein weiteres Argument für die potenzielle Zukunftsfähigkeit von Kryptowährungen ist die Möglichkeit, die volle Kontrolle über das eigene Geld zu haben. Mit Kryptowährungen ist man unabhängig von Banken und kann jederzeit und überall Zahlungen tätigen, solange man Zugang zum Internet und einem entsprechenden Endgerät hat.

In der heutigen Wirtschaftslandschaft sind immer mehr Unternehmen, unabhängig von ihrer Branche oder Größe, bereit, Kryptowährungen wie Bitcoin und möglicherweise auch andere digitale Währungen als Zahlungsmittel zu akzeptieren. Diese Akzeptanz spiegelt den zunehmenden Einfluss und die wachsende Beliebtheit von Kryptowährungen als alternatives Zahlungssystem wider. Unternehmen aus verschiedenen Sektoren, einschließlich Restaurants, Technologieunternehmen, Einzelhändler und sogar Dienstleister, erkennen die Vorteile und Chancen, die mit der Integration von Kryptowährungen in ihre Geschäftsmodelle einhergehen.

Die Akzeptanz von Kryptowährungen als Zahlungsmittel bietet Unternehmen die Möglichkeit, von den Vorteilen dieser aufstrebenden Technologie zu profitieren und sich in einer zunehmend digitalen Wirtschaft zu positionieren.

Auf der anderen Seite gibt es jedoch auch Bedenken bezüglich der Volatilität von Kryptowährungen, die sie als stabiles Zahlungsmittel einschränken könnten. Die extremen Preisschwankungen machen den Einsatz von Kryptowährungen für den täglichen Gebrauch riskant und erschweren die Preisstabilität beim Kauf von Waren und Dienstleistungen. Darüber hinaus fordern viele eine stärkere Regulierung von Kryptowährungen, insbesondere von Bitcoin, aufgrund der starken Kursschwankungen. Einige Stimmen sprechen sich auch für die Einführung einer digitalen Euro-Währung aus.

Ein weiterer wichtiger Aspekt, der die potenzielle Zukunft von Kryptowährungen beeinflusst, ist die Wahrnehmung von Bargeld als Symbol für Freiheit und Sicherheit. Viele Menschen, insbesondere die ältere Generation, bevorzugen Bargeldtransaktionen und sehen virtuelle Währungen mit Skepsis, da sie das Anfassen und physische Besitzen von Geld bevorzugen.

Es ist daher klar, dass die Frage, ob Kryptowährungen die Währung der Zukunft sein werden, viele Aspekte umfasst und sowohl Befürworter als auch Skeptiker auf den Plan ruft. Während ihre technologischen Vorteile und ihre Unabhängigkeit von traditionellen Finanzsystemen vielversprechend sind, stehen ihnen Herausforderungen wie die Preisvolatilität und die öffentliche Wahrnehmung entgegen.

9 Fazit – Die Zukunft der Kryptowährungen

Die Diskussion über die Zukunft der Kryptowährungen ist komplex und vielschichtig. Es gibt zweifellos eine Reihe von Gründen, die für eine mögliche Dominanz von Kryptowährungen als Währung der Zukunft sprechen. Die fortschrittliche Technologie, insbesondere die Blockchain-Technologie, bietet ein enormes Potenzial für Effizienz, Sicherheit und Dezentralisierung. Die geringen Transaktionszeiten und -kosten sowie die Möglichkeit der direkten Kontrolle über das eigene Geld sind weitere Vorteile, die Kryptowährungen attraktiv machen.

Jedoch stehen diesen Vorteilen auch erhebliche Herausforderungen gegenüber. Die begrenzte Akzeptanz und das Verständnis der breiten Öffentlichkeit sind wesentliche Hindernisse für eine breite Einführung von Kryptowährungen. Die Volatilität der Kurse, die oft zu großen Wertänderungen führt, sowie Sicherheitsbedenken und die fehlende Regulierung sind weitere Punkte, die die Massenadoption behindern.

Die Idee, dass Kryptowährungen das traditionelle Fiat-Geld ersetzen könnten, wirft auch wichtige Fragen auf. Während eine vollständige Ersetzung der Fiat-Währungen durch Kryptowährungen theoretisch möglich ist, müssten dazu erhebliche regulatorische und infrastrukturelle Veränderungen stattfinden. Zudem stellt sich die Frage nach der Kontrolle und Verwaltung einer globalen Kryptowährung, da dies im Widerspruch zur Idee der Dezentralisierung steht, auf der viele Kryptowährungen basieren.

Die Plattform der Kryptowährungen ist von großer Bedeutung für die Weiterentwicklung des Finanzsystems. Die Vision von Satoshi Nakamoto, dem mysteriösen Schöpfer von Bitcoin, war es, ein dezentrales und anonymes Zahlungssystem zu schaffen, das die Kontrolle von Finanzinstitutionen und Regierungen umgeht. Obwohl die Technologie hinter den Kryptowährungen vielversprechend ist, stehen wir noch am Anfang ihrer Entwicklung. Die Blockchain-Technologie hat das Potenzial, weit über den Finanzsektor hinaus Anwendungen zu finden, zum Beispiel in den Bereichen Vertragswesen, Lieferkettenmanagement und Abstimmungssysteme.

Die aktuelle Anziehungskraft von Kryptowährungen beruht vor allem auf ihrer hohen Volatilität und den damit verbundenen Chancen auf schnelle Gewinne. Viele Anleger betrachten sie daher primär als Investitionsgelegenheit und weniger als Mittel für alltägliche Transaktionen. Obwohl Kryptowährungen eine interessante Möglichkeit zur Diversifizierung von Anlageportfolios darstellen, bleibt ihre langfristige Stabilität und Funktionalität als Zahlungsmittel fraglich.

Die Vorstellung, dass Kryptowährungen die traditionellen Fiat-Währungen vollständig ersetzen könnten, birgt zahlreiche Herausforderungen. Während die Technologie hinter Kryptowährungen fortschreitet, müssen noch viele Hindernisse überwunden werden, bevor sie eine umfassende Einführung als alternatives Zahlungsmittel erleben können.

Dennoch sollten Kryptowährungen nicht leichtfertig abgetan werden. Sie haben das Potenzial, das bestehende Finanzsystem zu ergänzen und neue Möglichkeiten für finanzielle Transaktionen zu eröffnen. Durch die Dezentralisierung und Verschlüsselung bieten sie ein hohes Maß an Sicherheit und Privatsphäre, was in einer zunehmend digitalen Welt von Bedeutung ist.

Heutzutage sind Kryptowährungen größtenteils als Spekulationsobjekte anzusehen, die Investoren die Möglichkeit bieten, ihr Vermögen zu vermehren. Trotz ihres Potenzials zur Wertsteigerung sind wir der Meinung, dass sie in absehbarer Zukunft die traditionellen Währungen nicht vollständig ersetzen können.
Dennoch bieten sie eine vielversprechende Währungsalternative und könnten eine bedeutende Rolle in der Zukunft des Finanzwesens spielen. Allgemein ist es von Bedeutung, ein umfassendes Verständnis für die Rolle von Kryptowährungen zu entwickeln. Sie sind mehr als nur Spekulationsinstrumente, bieten aber auch keine sofortige Lösung für alle Probleme des traditionellen Finanzsystems. Ihre Zukunft wird davon abhängen, wie gut sie in der Lage sind, die Herausforderungen anzugehen und ihr Potenzial als neue Form des Geldes zu realisieren.

Insgesamt sind Kryptowährungen ein faszinierendes und kontrovers diskutiertes Thema. Sie werden weiterhin die Aufmerksamkeit von Investoren, Regulierungsbehörden und der breiten Öffentlichkeit auf sich ziehen, während die Welt sich bemüht, die Möglichkeiten und Herausforderungen dieser neuen Form des Geldes zu verstehen und zu nutzen.

Wir sind der Ansicht, dass Kryptowährungen Potenzial für die Zukunft haben und möchten unsere Leser dazu ermuntern, sich aktiv mit diesem aufregenden Thema zu beschäftigen.
Wir möchten eine wichtige Botschaft mit auf den Weg geben, insbesondere im Zusammenhang mit Kryptowährungen. Unser Ziel ist es, nicht nur Informationen zu vermitteln, sondern auch zu inspirieren und zum Nachdenken anzuregen. In einer Welt, die sich ständig weiterentwickelt und in der neue Technologie wie Kryptowährungen eine immer größere Rolle spielen, ist es von entscheidender Bedeutung, offen für Veränderungen zu sein und sich kontinuierlich weiterzubilden. Kryptowährungen

bieten nicht nur Chancen, sondern auch Herausforderungen, und es ist wichtig, diese mit einem ausgewogenen und informierten Blick zu betrachten.

Daher ermutigen wir unsere Leser dazu, sich aktiv mit dem Thema auseinanderzusetzen, Fragen zu stellen, verschiedene Perspektiven zu betrachten und letztendlich ihre eigenen Schlussfolgerungen zu ziehen. Möge unser Buch dazu beitragen, ein tieferes Verständnis für Kryptowährungen zu entwickeln und gleichzeitig die Leser zu befähigen, fundierte Entscheidungen in Bezug auf ihre finanzielle Zukunft zu treffen.

Abbildung 44: Bitcoin

10 Weitere Begriffe und Fakten

Abbildung 45: Ethereum und Bitcoin KI

Kryptowährungen und die Blockchain-Technologie haben in den letzten Jahren einen bedeutenden Einfluss auf verschiedene Branchen und Bereiche ausgeübt. Sie haben nicht nur alternative Formen des Wertspeichers geschaffen, sondern auch neue Möglichkeiten für Finanztransaktionen, Investitionen und dezentrale Anwendungen eröffnet. Die zugrunde liegende Technologie, die Blockchain, hat sich als ein innovatives Werkzeug erwiesen, das Transparenz, Sicherheit und Effizienz in zahlreichen Anwendungen verbessert. Um diesen aufstrebenden Bereich besser zu verstehen, werden in den folgenden Seiten wichtige Begriffe und Definitionen im Zusammenhang mit Kryptowährungen und der Blockchain präsentiert. Diese Zusammenstellung bietet eine nützliche Quelle, um sich mit den grundlegenden Konzepten vertraut zu machen und ermutigt dazu, tiefer in das Thema einzutauchen.

10.1 Begriffe

51% Attack: Eine 51%-Attacke tritt auf, wenn eine einzelne Entität die Kontrolle über mehr als die Hälfte der Rechenleistung oder der Mining-Hash-Rate auf einem Blockchain-Netzwerk übernimmt. Dadurch könnte die betreffende Partei Transaktionen manipulieren, doppelte Ausgaben tätigen oder das Netzwerk anderweitig beeinträchtigen.

Absorption: Absorption tritt auf, wenn große Kauf- oder Verkaufsorders genug Gegenwind bieten, um den Druck von gegenläufigen Orders zu absorbieren, ohne dass sich der Preis stark ändert. Dies ist ein wichtiges Konzept für das Verständnis der Marktstabilität und der Preisbewegung.

All-Time-High (ATH): Das Allzeithoch (ATH) bezeichnet den höchsten Punkt, den der Preis oder die Marktkapitalisierung einer Kryptowährung in ihrer Handelsgeschichte erreicht hat. Es zeigt den historischen Höchststand an und kann als Indikator für die vergangene Leistung eines Assets dienen.

All-Time-Low (ATL): Das Allzeittief (ATL) bezieht sich auf den niedrigsten Preis, den eine Kryptowährung während ihrer Handelsgeschichte erreicht hat. Es zeigt den historischen Tiefststand an und kann als Indikator für die historische Volatilität oder das Risiko eines Assets dienen.

Altcoins: Altcoins sind alternative Kryptowährungen, die neben Bitcoin existieren. Der Begriff "Altcoin" umfasst alle Kryptowährungen außer Bitcoin und kann eine Vielzahl von digitalen Assets umfassen, die unterschiedliche Funktionen und Merkmale haben.

Bear: Ein Bear ist ein Marktteilnehmer, der pessimistisch in Bezug auf den Preisverlauf eines Assets ist und darauf setzt, dass der Preis sinken wird. Bärische Marktbedingungen werden oft mit fallenden Preisen und einer negativen Marktstimmung verbunden.

Bitcoin: Bitcoin ist die erste und bekannteste Kryptowährung, die 2009 von einer Person oder Gruppe unter dem Pseudonym Satoshi Nakamoto ins Leben gerufen wurde. Es ist eine dezentrale digitale Währung, die auf der Blockchain-Technologie basiert und es Benutzern ermöglicht, Transaktionen ohne Zwischenhändler durchzuführen. Bitcoin wird oft als digitales Gold betrachtet und als Wertaufbewahrungsmittel genutzt.

Bitcoin Dinosaurier: Bitcoin Dinosaurier ist ein informeller Begriff, der sich auf Personen bezieht, die schon seit den frühen Tagen von Bitcoin in der Kryptowährungsbranche aktiv sind. Diese Personen verfügen oft über umfangreiches Wissen und Erfahrung im Bereich Kryptowährungen und haben die Entwicklung der Branche von Anfang an miterlebt.

Block: In der Blockchain-Technologie ist ein Block eine Datenstruktur, die eine Liste von Transaktionen enthält. Jeder Block ist durch kryptographische Hash-Funktionen miteinander verbunden und bildet eine unveränderliche Kette von Blöcken, die als Blockchain bezeichnet wird. Neue Transaktionen werden zu einem Block hinzugefügt, der dann an die bestehende Blockchain angehängt wird.

Blockchain: Eine Blockchain ist eine dezentrale, verteilte Datenbank oder ein digitales Hauptbuch, das Transaktionen in Blöcken speichert und durch kryptografische Methoden miteinander verknüpft. Jeder Block enthält eine Reihe von Transaktionen sowie einen kryptografischen Hash des vorherigen Blocks, was die Unveränderlichkeit der Daten gewährleistet. Blockchain-Technologie wird in verschiedenen Anwendungen eingesetzt, darunter Kryptowährungen, Smart Contracts, dezentrale Anwendungen (DApps) und mehr.

Blockchain-Adresse: Eine Blockchain-Adresse, auch bekannt als Bitcoin-Adresse bei der Bitcoin-Blockchain, ist eine eindeutige Zeichenfolge von Zahlen und Buchstaben, die verwendet wird, um Kryptowährungen wie

Bitcoin zu senden oder zu empfangen. Sie dient als digitaler Standort, an dem die Kryptowährung gespeichert ist. Jeder Benutzer, der Bitcoin besitzt, hat eine einzigartige Bitcoin-Adresse, die als digitaler Standort für ihre Coins fungiert. Diese Adressen werden durch kryptografische Techniken erstellt und sind unverwechselbar. Wenn jemand Bitcoin an eine bestimmte Adresse sendet, wird diese Transaktion in der Blockchain verzeichnet und der entsprechende Betrag wird dem Kontostand dieser Adresse hinzugefügt.

Block Subsidy: Die Block Subsidy (Block Subvention) ist die Belohnung, die Miner für das erfolgreiche Hinzufügen eines neuen Blocks zur Blockchain erhalten. Sie besteht aus neuen Coins und den Transaktionsgebühren des Blocks.

Bridge: Eine Bridge ist eine technologische Verbindung zwischen zwei verschiedenen Blockchain-Netzwerken oder Protokollen. Sie ermöglicht den Transfer von Vermögenswerten oder Daten von einer Blockchain zur anderen. Bridges spielen eine wichtige Rolle bei der Kompatibilität zwischen verschiedenen Blockchains, insbesondere bei dezentralen Finanzanwendungen (DeFi), bei denen es notwendig sein kann, Vermögenswerte zwischen verschiedenen Blockchain-Ökosystemen zu bewegen.

Bull: Ein Bull ist ein Marktteilnehmer, der optimistisch in Bezug auf den Preisverlauf eines Assets ist und darauf setzt, dass der Preis steigen wird. Bullische Marktbedingungen werden oft mit steigenden Preisen und einer positiven Marktstimmung verbunden.

Circulating supply: Die umlaufende Versorgung (circulating supply) bezieht sich auf die Gesamtmenge einer Kryptowährung, die derzeit im Umlauf ist und von Benutzern, Investoren und Händlern gehalten wird. Sie umfasst alle Coins oder Token, die bereits ausgegeben und nicht gesperrt oder für andere Zwecke reserviert sind.

Coins: Coins sind digitale Währungen, die auf eigenen Blockchain-Netzwerken basieren. Sie werden verwendet, um Werte zu übertragen und Transaktionen innerhalb ihres jeweiligen Ökosystems zu erleichtern. Bekannte Beispiele für Coins sind Bitcoin (BTC) und Ethereum (ETH).

Cold Wallet: Ein Cold Wallet ist eine Wallet, die offline gehalten wird und daher nicht mit dem Internet verbunden ist. Dies bietet einen höheren Grad an Sicherheit, da die privaten Schlüssel der Wallet nicht anfällig für Online-Angriffe sind. Cold Wallets können in Form von Hardware-Wallets (physische Geräte) oder Papier-Wallets vorliegen. Sie sind ideal für die langfristige Speicherung großer Mengen an Kryptowährungen oder für die Sicherung von Vermögenswerten, die nicht regelmäßig gehandelt werden müssen.

Daytrading: Daytrading ist eine Handelsstrategie, bei der Anleger Finanzinstrumente wie Aktien, Kryptowährungen oder Devisen innerhalb eines einzigen Handelstags kaufen und verkaufen. Das Ziel des Daytradings ist es, von kurzfristigen Kursbewegungen zu profitieren, indem Positionen innerhalb desselben Handelstags eröffnet und geschlossen werden. Daytrader nutzen oft technische Analysewerkzeuge und Chartmuster, um potenzielle Handelsmöglichkeiten zu identifizieren, und setzen auf kleine Preisbewegungen, um Gewinne zu erzielen. Da Daytrading in der Regel hohe Handelsaktivität erfordert und mit einem höheren Risiko verbunden ist, kann es eine intensive Überwachung der Märkte und schnelle Entscheidungsfindung erfordern.

Decentralized Finance (DeFi): Dezentrale Finanzen (DeFi) sind Finanzdienstleistungen und -anwendungen, die auf Blockchain-Technologie und Smart Contracts basieren. Sie zielen darauf ab, traditionelle Finanzvermittler zu umgehen und Finanzdienstleistungen wie Kredite, Handel und Sparen direkt zwischen den Nutzern zu ermöglichen.

Diamond Hands: "Diamond Hands" ist ein Begriff aus der Finanz- und Kryptowelt, der verwendet wird, um eine bestimmte Mentalität oder Haltung zu beschreiben, die Anleger oder Trader haben. Wenn jemand "Diamond Hands" hat, bedeutet das, dass sie ihre Investitionen langfristig halten, auch wenn es zu kurzfristigen Marktschwankungen oder Kursrückgängen kommt. Diese Anleger zeigen Entschlossenheit und Standhaftigkeit, indem sie nicht bei jeder Volatilität panisch verkaufen, sondern an ihrer langfristigen Überzeugung festhalten. Der Begriff leitet sich von der Vorstellung unerschütterlicher und widerstandsfähiger Hände aus Diamanten und wird oft als Gegenstück zu "Paper Hands" verwendet, die leicht von Angst oder Unsicherheit beeinflusst werden und schnell verkaufen, wenn sich der Markt bewegt.

Difficulty: Die Schwierigkeit (Difficulty) ist ein Parameter, der angibt, wie schwierig es für Miner ist, neue Blöcke in einer Blockchain zu erstellen. In Blockchain-Netzwerken, die den Proof-of-Work-Konsensmechanismus verwenden, wie zum Beispiel Bitcoin, wird die Schwierigkeit in regelmäßigen Abständen angepasst, um sicherzustellen, dass die Blockzeit, also die Zeit, die benötigt wird, um einen neuen Block zu finden, relativ konstant bleibt. Wenn die Rechenleistung im Netzwerk zunimmt, wird die Schwierigkeit erhöht, um sicherzustellen, dass die Blockzeit nicht zu kurz wird. Wenn die Rechenleistung abnimmt, wird die Schwierigkeit reduziert, um sicherzustellen, dass die Blockzeit nicht zu lange wird.

Die Schwierigkeit ist ein entscheidender Faktor für die Sicherheit und Stabilität eines Blockchain-Netzwerks, da sie verhindert, dass ein Angreifer das Netzwerk durch die Übernahme der Mehrheit der Rechenleistung übernimmt.

Bei Proof-of-Stake-Systemen, wie sie in einigen anderen Blockchain-Netzwerken verwendet werden, gibt es keine Schwierigkeit im herkömmlichen Sinne, da die Validierung und das Erstellen neuer Blöcke auf dem Besitz von Kryptowährungseinheiten basiert und nicht auf dem Lösen komplexer Rechenaufgaben. In solchen Systemen können andere Mechanismen verwendet werden, um die Stabilität und Sicherheit des Netzwerks sicherzustellen.

Ethereum: Ethereum ist eine dezentrale Plattform, die es Entwicklern ermöglicht, Smart Contracts und dezentrale Anwendungen (DApps) zu erstellen und auszuführen. Ethereum wurde 2015 ins Leben gerufen und ist bekannt für seine Vielseitigkeit und die Möglichkeit, Tokens zu erstellen. Ethereum verwendet ebenfalls die Blockchain-Technologie, aber im Gegensatz zu Bitcoin, das hauptsächlich als digitale Währung fungiert, ist Ethereum eher eine Plattform für die Entwicklung von Blockchain-Anwendungen. Ethereum ist sowohl eine Plattform für die Entwicklung von Blockchain-Anwendungen als auch eine Kryptowährung. Die native Kryptowährung von Ethereum wird als Ether (ETH) bezeichnet und wird verwendet, um Transaktionen auf dem Ethereum-Netzwerk durchzuführen, Smart Contract-Gebühren zu bezahlen und als Belohnung für Miner, die Transaktionen validieren.

Etherscan und BscScan: Etherscan und BscScan sind beliebte Blockexplorer, die es Nutzern ermöglichen, Transaktionen, Smart Contracts, Adressen und andere Daten in Echtzeit auf der Ethereum- bzw. Binance Smart Chain-Blockchain zu überprüfen und zu analysieren. Diese Plattformen sind entscheidende Werkzeuge für Entwickler, Händler und Forscher, um Transaktionen nachzuverfolgen und das Verhalten der jeweiligen Blockchain zu studieren.

ERC (Ethereum Request for Comments): ERC steht für Ethereum Request for Comments und bezeichnet Standards und Vorschläge für die Ethereum-Plattform. ERC-20 ist beispielsweise ein Standard für die

Erstellung von Tokens auf der Ethereum-Blockchain, während ERC-1155 ein Standard für die Erstellung von multifunktionalen Tokens ist.

Fork: Eine Fork (Gabelung) tritt auf, wenn sich ein Blockchain-Netzwerk in zwei separate Versionen aufteilt. Dies kann aufgrund von Meinungsverschiedenheiten innerhalb der Community oder geplanten Upgrades geschehen. Eine Fork kann in eine "Hard Fork" oder eine "Soft Fork" unterteilt werden, je nachdem, wie stark die Änderungen sind.

Gas: Gas ist eine Maßeinheit, die die Rechenleistung und die Kosten für die Ausführung einer Transaktion oder eines Smart Contracts in der Ethereum-Blockchain misst. Benutzer zahlen Gasgebühren, um Miner zu „motivieren", ihre Transaktionen zu bearbeiten und die Integrität des Netzwerks aufrechtzuerhalten.

Genesis Block: Der Genesis Block ist der erste Block in einer Blockchain. Er fungiert als Startpunkt für das gesamte Blockchain-Netzwerk und enthält spezielle Daten oder Nachrichten, die von den Schöpfern der Blockchain platziert wurden. Der Genesis Block ist entscheidend für die Integrität und den Aufbau des Netzwerks.

Gwei: Gwei ist eine Untereinheit von Ethereum und wird verwendet, um Transaktionsgebühren und Gaspreise zu messen. 1 Gwei entspricht 0,000000001 Ether.

Halving: Das Halving ist ein Ereignis im Bitcoin-Protokoll, das alle 210.000 Blöcke stattfindet, was etwa alle vier Jahre geschieht. Beim Halving wird die Belohnung für das Mining neuer Bitcoins halbiert, was dazu führt, dass die Rate, mit der neue Bitcoins erzeugt werden, reduziert wird. Dies geschieht, um die Inflation zu kontrollieren und das Angebot von Bitcoins zu begrenzen, wodurch Bitcoin langfristig eine deflationäre Währung wird. Das Halving hat oft Auswirkungen auf den Preis von

Bitcoin, da es das Angebot verringert und die Knappheit der Kryptowährung betont.

Hash: Ein Hash ist eine kryptografische Funktion, die eine Eingabe (Daten) in eine feste Länge von Zeichen (Hash-Wert) umwandelt. Hashes werden in der Blockchain verwendet, um Daten zu verschlüsseln, die Integrität von Transaktionen zu überprüfen und Blöcke zu verknüpfen.

Hash-ID: Eine Hash-ID ist eine eindeutige Zeichenfolge von Buchstaben und Zahlen, die durch eine kryptografische Hashfunktion erzeugt wird. Sie wird verwendet, um Daten in der Blockchain zu identifizieren, darunter Transaktionen, Blöcke und öffentliche Schlüssel.

Hebel: Ein Hebel ermöglicht es Tradern, mit mehr Kapital zu handeln, als sie tatsächlich besitzen. Der Hebel multipliziert die Position des Traders und erhöht dadurch potenzielle Gewinne, aber auch potenzielle Verluste. Beim Einsatz von Hebeln ist Vorsicht geboten, da sie das Risiko erhöhen können und Trader einem höheren Verlustpotenzial aussetzen.

Hot Wallet: Ein Hot Wallet ist eine Wallet, die mit dem Internet verbunden ist. Sie ermöglicht schnellen Zugriff auf Kryptowährungen für Transaktionen, da sie online und in der Regel mit einer Börse oder einer anderen Handelsplattform verbunden ist. Hot Wallets eignen sich gut für den täglichen Gebrauch und den Handel, da sie bequem und sofort zugänglich sind. Allerdings sind sie auch anfälliger für Hacks und andere Sicherheitsbedrohungen im Vergleich zu Cold Wallets.

Iceberg: Ein "Iceberg" ist eine Handelsstrategie, bei der große Orders in kleinere Aufträge aufgeteilt werden, um den Einfluss auf den Markt zu minimieren und die eigene Handelsaktivität zu verbergen, um den gewünschten Preis zu erzielen.

ICO (Initial Coin Offering): Ein Initial Coin Offering ist eine Methode, um Mittel für die Entwicklung neuer Kryptowährungen oder Blockchain-Projekte zu beschaffen. Dabei werden neue Token oder Münzen einer Kryptowährung an Investoren verkauft, um Kapital für das Projekt zu generieren. Investoren erhalten im Gegenzug für ihre Investition eine bestimmte Menge an Token, die sie möglicherweise später auf Kryptowährungsbörsen handeln können.

Kompromittieren: Kompromittieren bedeutet, dass die Sicherheit eines Systems, einer Wallet oder eines Kontos beeinträchtigt wurde, oft durch unbefugten Zugriff oder durch das Eindringen von Hackern. Wenn ein System kompromittiert ist, können sensible Informationen gefährdet sein und die Integrität des Systems kann gefährdet werden. Es ist wichtig, angemessene Sicherheitsvorkehrungen zu treffen, um die Kompromittierung von Systemen und Konten zu verhindern.

Kryptowährung: Kryptowährung ist eine digitale oder virtuelle Währung, die auf kryptografischen Techniken wie Blockchain und kryptografischen Hashfunktionen basiert. Im Gegensatz zu traditionellen Währungen werden Kryptowährungen nicht von einer zentralen Behörde ausgegeben oder kontrolliert, sondern werden durch dezentrale Netzwerke betrieben, die Transaktionen verifizieren und das Netzwerk aufrechterhalten. Kryptowährungen können für verschiedene Zwecke verwendet werden, darunter Zahlungen, Investitionen, Handel und mehr. Einige bekannte Beispiele für Kryptowährungen sind Bitcoin, Ethereum, Ripple und Litecoin.

KYC: KYC steht für "Know Your Customer" und bezeichnet den Prozess, bei dem Unternehmen die Identität ihrer Kunden identifizieren und überprüfen, insbesondere im Finanz- und Kryptowährungsbereich. Dies dient dazu, Betrug, Geldwäsche und andere illegale Aktivitäten zu verhindern, indem Kunden aufgefordert werden, Identitätsnachweise wie

Ausweisdokumente oder Adressnachweise vorzulegen, um sich zu verifizieren.

Layering: "Layering" ist eine Form der Marktmanipulation, bei der ein Trader große Orders im Order Book platziert, um eine künstliche Nachfrage oder Angebot zu erzeugen und so den Preis zu beeinflussen. Sobald andere Trader auf die Manipulation reagieren, zieht der ursprüngliche Trader seine Orders zurück und profitiert von der Preisbewegung.

Liquidieren: "Liquidieren" bezieht sich auf den Prozess, bei dem eine Handelsplattform oder ein Broker die Position eines Traders schließt, um Verluste zu begrenzen, wenn der Marktpreis eines Vermögenswerts einen bestimmten Punkt erreicht oder überschreitet. Dies geschieht häufig im Zusammenhang mit dem Handel mit Hebelwirkung. Wenn der Marktpreis stark genug fällt und die Verluste die Sicherheitsleistung des Traders übersteigen, kann die Handelsplattform die Position automatisch liquidieren, um Verluste zu minimieren. Dieser Prozess wird in verschiedenen Finanzmärkten wie Kryptowährungen und Aktien angewendet.

Liquidity: Liquidität bezieht sich auf die Fähigkeit, eine Anlage schnell und ohne signifikanten Einfluss auf ihren Preis zu kaufen oder zu verkaufen. Je höher die Liquidität eines Vermögenswerts, desto einfacher ist es, ihn zu handeln.

Long und Short: Long und Short beziehen sich darauf, in welche Richtung ein Trader erwartet, dass sich der Preis eines Vermögenswerts bewegt. "Long" bedeutet, dass der Trader erwartet, dass der Preis steigt, während "Short" bedeutet, dass der Trader erwartet, dass der Preis fällt. Beim Long-Handel kauft der Trader einen Vermögenswert mit der Absicht, ihn später zu einem höheren Preis zu verkaufen, um Gewinn zu erzielen. Beim Short-Handel verkauft der Trader den Vermögenswert zuerst, mit der Hoffnung, ihn später zu einem niedrigeren Preis zurückzukaufen und dabei Gewinn zu machen.

Market Cap (Marktkapitalisierung): Die Marktkapitalisierung ist der Gesamtwert einer Kryptowährung oder eines Unternehmens, berechnet durch Multiplikation des aktuellen Marktpreises mit der Gesamtzahl der im Umlauf befindlichen Coins oder Aktien.

Max supply: Die maximale Versorgung (max supply) ist die maximale Anzahl von Coins oder Token, die jemals erstellt werden können. Dies ist eine feste Obergrenze, die im Code des Blockchain-Protokolls festgelegt ist und normalerweise nicht überschritten werden kann.

Metadaten: Metadaten sind zusätzliche Informationen, die Daten beschreiben oder kontextualisieren. In der Welt der Kryptowährungen und Blockchain können Metadaten Informationen über Transaktionen, Konten oder Smart Contracts enthalten. Sie spielen eine wichtige Rolle bei der Verwaltung von digitalen Assets, der Durchführung von Transaktionen und der Einhaltung von Vorschriften. Metadaten können verwendet werden, um Transaktionen zu kategorisieren, Identitäten zu verifizieren und Analysen über Blockchain-Aktivitäten durchzuführen. Sie tragen zur Transparenz, Sicherheit und Effizienz des Blockchain-Ökosystems bei.

Metaversum: Das Metaversum ist ein virtuelles, digitales Universum, das aus vernetzten virtuellen Welten, Umgebungen und Objekten besteht. Es wird oft als zukünftige Entwicklungsrichtung des Internets betrachtet und kann verschiedene Anwendungen wie virtuelle Realität, Blockchain und Künstliche Intelligenz integrieren.

Mining: Mining ist der Prozess der Validierung von Transaktionen und der Schöpfung neuer Blöcke in einer Blockchain durch das Lösen komplexer mathematischer Probleme. Miner werden für ihre Bemühungen belohnt, in der Regel durch die Vergabe von neuen Coins oder Transaktionsgebühren.

Minting: Minting bezieht sich auf den Prozess der Erstellung neuer Coins oder Token in einem Blockchain-Netzwerk. Im Gegensatz zum Mining, das typischerweise mit Proof-of-Work-basierten Kryptowährungen wie Bitcoin verbunden ist, wird der Begriff "Minting" häufig bei Proof-of-Stake-Netzwerken verwendet. Beim Minting setzen die Teilnehmer ihre Kryptowährungseinheiten als Einsatz ein, um neue Blöcke zu validieren und Transaktionen im Netzwerk zu verarbeiten. Als Belohnung für ihre Beteiligung am Netzwerk erhalten sie neue Coins oder Token. Das Minting ist daher ein alternativer Weg zur Schaffung neuer Coins neben dem Mining.

Minting (NFTs): Minting im Kontext von NFTs (Non-Fungible Tokens) bezieht sich auf den Prozess der Erstellung und Ausgabe neuer NFTs auf einer Blockchain. NFTs sind einzigartige digitale Vermögenswerte, die auf einer Blockchain erstellt und gespeichert werden. Der Minting-Prozess kann je nach Blockchain-Plattform variieren, aber im Allgemeinen beinhaltet er das Hinzufügen von Metadaten und Eigenschaften zu einem digitalen Asset sowie das Festlegen seiner Einzigartigkeit und Authentizität durch einen kryptografischen Hash.

Multi-Signature (Multi-Sig): Multi-Signature ist ein Sicherheitsmechanismus, der es erfordert, dass mehrere autorisierte Parteien ihre Zustimmung geben, bevor eine Transaktion durchgeführt werden kann. Dies erhöht die Sicherheit und verhindert den unbefugten Zugriff auf Vermögenswerte.

NFTs (Non-Fungible Tokens): Non-Fungible Tokens (NFTs) sind einzigartige digitale Vermögenswerte, die auf Blockchain-Plattformen erstellt werden. Im Gegensatz zu fungiblen Tokens wie Kryptowährungen sind

NFTs einzigartig und können nicht untereinander ausgetauscht werden, da sie individuelle Eigenschaften oder Merkmale haben.

Order Book: Das Order Book ist eine Liste von Kauf- und Verkaufsorders für ein bestimmtes Vermögenswertpaar auf einer Börse. Es zeigt die aktuellen Kauf- und Verkaufspreise sowie die Größe der Orders an und hilft Tradern, Markttrends zu analysieren und Handelsentscheidungen zu treffen.

Peer-to-Peer (P2P): Peer-to-Peer (P2P) bezieht sich auf ein dezentrales Netzwerk, in dem Computer direkt miteinander kommunizieren, ohne einen zentralen Server zu benötigen. P2P-Netzwerke werden in der Blockchain-Technologie verwendet, um Transaktionen zwischen Benutzern direkt abzuwickeln, ohne dass ein Zwischenhändler erforderlich ist.

Pre-Staking: Pre-Staking ist eine Praxis, die es den Benutzern ermöglicht, ihre Kryptowährung vor dem offiziellen Start des Staking-Prozesses zu hinterlegen. Dabei wird die Kryptowährung zu einem bestimmten Zeitpunkt vor dem Start des Staking-Netzwerks bereitgestellt. Dies geschieht oft als Teil einer Vorbereitungsphase, um das Netzwerk auf das Staking vorzubereiten und den Benutzern die Möglichkeit zu geben, ihre Coins frühzeitig für das Staking zu sichern. Es dient auch dazu, das Interesse und die Beteiligung der Benutzer am Staking-Prozess zu erhöhen und das Netzwerk insgesamt zu stärken.

Privacy Coin: Ein Privacy Coin ist eine Kryptowährung, die entwickelt wurde, um die Privatsphäre und Anonymität der Benutzer zu schützen, indem sie Technologien wie Stealth-Adressen, Ring-Signaturen und Zero-Knowledge-Beweise verwendet. Privacy Coins ermöglichen es Benutzern, Transaktionen ohne Offenlegung ihrer Identität oder Transaktionsdetails durchzuführen.

Private Key: Der Private Key ist ein streng geheimer Code, der einem Benutzer den Zugriff auf seine Kryptowährungsbestände ermöglicht. Er fungiert als digitaler Schlüssel, der es dem Benutzer erlaubt, Transaktionen zu signieren und somit den Besitz und die Kontrolle über die Kryptowährungen in seiner Wallet zu bestätigen.

Proof of Authority (PoA): Proof of Authority (PoA) ist ein Konsensmechanismus, der auf der Zustimmung ausgewählter Knoten basiert, um Transaktionen zu validieren und Blöcke zu erstellen. PoA wird häufig in privaten und unternehmensinternen Blockchains eingesetzt, um Skalierbarkeit und Geschwindigkeit zu verbessern.

Proof of Stake (PoS): Proof of Stake ist ein alternativer Konsensmechanismus, bei dem die Validierung von Transaktionen und das Schürfen neuer Blöcke auf der Grundlage des Besitzes von Kryptowährungseinheiten erfolgt, anstatt auf Rechenleistung wie beim Proof of Work.

Proof of Work (PoW): Proof of Work ist ein Konsensmechanismus, der verwendet wird, um die Integrität und Sicherheit einer Blockchain zu gewährleisten. Miner lösen komplexe mathematische Probleme, um neue Blöcke zu erstellen und Transaktionen zu validieren.

Public Key: Der Public Key ist eine öffentliche Adresse, die mit einem bestimmten Private Key verbunden ist. Er dient dazu, Kryptowährungen zu empfangen und zu senden. Während der Private Key geheim gehalten werden muss, kann der Public Key frei weitergegeben werden, da er nur zum Empfangen von Zahlungen verwendet wird. Der Public Key wird oft in Form eines QR-Codes dargestellt, um Zahlungen bequem zu empfangen.

Ring-Signaturen: Ring-Signaturen sind kryptografische Signaturen, die von einer Gruppe von Benutzern erstellt werden, wobei nur einer der Benutzer tatsächlich die Transaktion initiiert hat. Dies macht es unmöglich festzustellen, welcher Benutzer die Transaktion wirklich signiert hat, was die Anonymität der Transaktion erhöht.

Risikomanagement: Risikomanagement bezieht sich auf die Strategien und Praktiken, die Trader anwenden, um ihr Handelsrisiko zu kontrollieren und zu minimieren. Dazu gehören die Diversifizierung des Portfolios, die Verwendung von Stop-Loss-Orders und die Begrenzung des Kapitaleinsatzes.

Rug Pull: Ein "Rug Pull" ist ein betrügerisches Ereignis in Kryptowährungs- oder DeFi-Projekten, bei dem Entwickler oder Beteiligte plötzlich Liquidität aus dem Projekt abziehen, was zu einem drastischen Wertverlust oder zum Scheitern des Projekts führt.

Scaling Solution: Eine Scaling Solution ist eine Technologie oder ein Protokoll, das entwickelt wurde, um die Skalierbarkeit und Leistung von Blockchain-Netzwerken zu verbessern, indem es die Anzahl der Transaktionen, die gleichzeitig verarbeitet werden können, erhöht. Beispiele für Scaling Solutions sind das Lightning Network für Bitcoin und das Ethereum 2.0-Upgrade.

Satoshi: Satoshi ist die kleinste Einheit von Bitcoin und wurde zu Ehren des anonymen Schöpfers von Bitcoin, Satoshi Nakamoto, benannt. Ein Bitcoin kann in kleinere Einheiten unterteilt werden, wobei ein Satoshi ein Hundertmillionstel (0.00000001) eines Bitcoins ist. Diese Unterteilung ermöglicht es, auch sehr kleine Beträge in Bitcoin zu handeln und zu verwenden, was die Nutzung und Akzeptanz der Kryptowährung erleichtert. Der Begriff "Satoshi" wird häufig verwendet, um den Wert von Transaktionen oder Gebühren in Bitcoin anzugeben, insbesondere wenn es um kleinere Beträge geht.

Scalping: Scalping ist eine sehr kurzfristige Handelsstrategie, bei der Anleger versuchen, von kleinen Preisbewegungen zu profitieren, indem sie

Positionen für sehr kurze Zeit halten, oft nur für Sekunden oder Minuten. Das Ziel des Scalping ist es, viele kleine Gewinne durch schnelle Trades zu erzielen, indem Anleger auf kleine Preisschwankungen reagieren und sich bemühen, von der Marktliquidität zu profitieren. Scalper nutzen oft schnelle Handelsplattformen und fortschrittliche Handelsalgorithmen, um ihre Trades mit hoher Geschwindigkeit auszuführen und von kleinen Preisänderungen zu profitieren. Scalping erfordert eine strenge Disziplin, schnelle Reaktionsfähigkeit und eine hohe Handelsaktivität, kann aber bei effektiver Umsetzung profitabel sein.

Seed-Phrase: Eine Seed-Phrase ist eine spezielle Abfolge von Wörtern, die beim Erstellen einer Kryptowährungs-Wallet generiert wird. Sie funktioniert wie ein Sicherheitsschlüssel, der es ermöglicht, auf die in der Wallet gespeicherten Vermögenswerte zuzugreifen. Diese Phrase besteht normalerweise aus einer Reihe von 12 bis 24 zufällig ausgewählten Wörtern. Die Seed-Phrase dient als Backup-Mechanismus, der es ermöglicht, die Wallet wiederherzustellen, falls die ursprüngliche Wallet verloren geht oder beschädigt wird. Sie ist äußerst wichtig und sollte sicher aufbewahrt werden, da sie den Zugriff auf das Kryptowährungsvermögen ermöglicht.

Sidechain: Eine Sidechain ist eine unabhängige Blockchain, die mit einer Hauptblockchain verbunden ist und es ermöglicht, bestimmte Transaktionen oder Anwendungen von der Hauptblockchain zu entlasten. Sidechains bieten Skalierbarkeit, Flexibilität und Kompatibilität zwischen verschiedenen Blockchain-Netzwerken. Eine Sidechain läuft parallel zur Blockchain.

Smart Contract: Ein Smart Contract ist ein selbstausführender Vertrag, der auf der Blockchain-Technologie basiert. Es handelt sich um programmierbare Verträge, die automatisch ausgeführt werden, wenn bestimmte Bedingungen erfüllt sind, ohne dass eine Zwischeninstanz erforderlich ist.

Stablecoin: Ein Stablecoin ist eine Art Kryptowährung, deren Wert in der Regel an einen stabilen Vermögenswert oder ein stabiles Wertesystem gebunden ist, wie z. B. eine Fiatwährung (z. B. USD, EUR) oder Rohstoffe wie Gold. Das Hauptziel einer Stablecoin ist es, Preisschwankungen zu minimieren und eine relative Stabilität im Wert zu gewährleisten, im Gegensatz zu volatilen Kryptowährungen wie Bitcoin oder Ethereum. Stablecoins können verwendet werden, um Werte schnell und effizient über Blockchain-Netzwerke zu übertragen und sind oft in der Welt der Kryptowährungen als Mittel für den Handel, die Speicherung und den Austausch weit verbreitet.

Staken: Staken bezieht sich auf den Prozess, bei dem Kryptowährungsbesitzer ihre Coins in einer Wallet aufbewahren, um Transaktionen im Netzwerk zu validieren und dafür Belohnungen zu erhalten. Dieser Prozess wird häufig in Blockchain-Netzwerken verwendet, die den Proof-of-Stake (PoS) Konsensmechanismus verwenden. Beim Staken werden die gehaltenen Coins als Sicherheit eingesetzt, um Transaktionen zu bestätigen und das Netzwerk zu unterstützen. Im Gegenzug erhalten diejenigen, die ihre Coins staken, Belohnungen in Form von zusätzlichen Coins oder Transaktionsgebühren. Staken trägt zur Sicherheit und Stabilität des Netzwerks bei und ermöglicht es den Teilnehmern, passives Einkommen aus ihren Kryptowährungsbeständen zu generieren.

Stealth-Adressen: Stealth-Adressen sind zufällig generierte Adressen, die für jede Transaktion eines Benutzers neu erstellt werden. Anstatt direkt an eine öffentliche Adresse zu senden, wird die Kryptowährung an eine Stealth-Adresse gesendet, die nicht mit der Identität des Empfängers verknüpft ist. Dies erschwert die Rückverfolgung von Transaktionen.

Stop Loss und Take Profit: Stop Loss und Take Profit sind beide Arten von Aufträgen, die verwendet werden, um Verluste zu begrenzen oder Gewinne zu sichern. Ein Stop Loss ist ein vordefinierter Preis, zu dem eine Position automatisch geschlossen wird, um Verluste zu begrenzen. Ein Take Profit ist ein vordefinierter Preis, zu dem eine Position automatisch geschlossen wird, um Gewinne zu sichern. Diese Aufträge helfen Tradern, ihre Risiken zu steuern und ihre Handelsstrategien zu planen, indem sie klare Ein- und Ausstiegspunkte festlegen.

Swing Trading: Swing Trading ist eine Handelsstrategie, bei der Anleger versuchen, von mittel- bis langfristigen Kursbewegungen zu profitieren, indem sie Positionen über mehrere Tage oder Wochen halten. Im Gegensatz zum Daytrading zielt Swing Trading darauf ab, größere Preisbewegungen auszunutzen, indem Positionen gehalten werden, bis sich ein vordefiniertes Kursziel erreicht oder ein vordefinierter Stop-Loss-Level erreicht wird. Swingtrader nutzen oft fundamentale Analysemethoden sowie technische Analysewerkzeuge, um potenzielle Handelsmöglichkeiten zu identifizieren und ihre Ein- und Ausstiegsentscheidungen zu treffen. Swing Trading erfordert oft weniger Zeit und Aufmerksamkeit als Daytrading, kann aber dennoch erhebliche Gewinne bei richtigem Timing erzielen.

Token: Ein Token ist eine digitale Einheit, die auf einer Blockchain erstellt wird und verschiedene Zwecke erfüllen kann. Es kann als digitale Währung dienen, Zugang zu bestimmten Plattformen oder Dienstleistungen gewähren, als Repräsentation von Vermögenswerten fungieren oder als Teilnahmeberechtigung für bestimmte Netzwerke dienen.

Total supply: Die Gesamtversorgung (total supply) ist die Gesamtmenge an Coins oder Token, die derzeit existiert oder jemals existieren wird. Sie umfasst sowohl die im Umlauf befindliche Versorgung als auch die noch nicht erzeugte oder geschürfte Versorgung.

Trading: Trading der Kauf und Verkauf von Finanzinstrumenten wie Aktien oder Kryptowährungen mit dem Ziel, von Preisbewegungen zu profitieren. Es gibt verschiedene Arten von Trading-Strategien, die auf unterschiedlichen Zeitrahmen und Marktdynamiken basieren. Das Ziel des Tradings ist es, Gewinne zu erzielen, indem man zu einem niedrigeren Preis kauft und zu einem höheren Preis verkauft oder umgekehrt, je nach der zugrunde liegenden Marktrichtung.

Transaktion: Eine Transaktion bezieht sich auf den Austausch von Werten, sei es Geld, Eigentum oder Informationen, zwischen zwei Parteien. Im Kontext von Kryptowährungen ist eine Transaktion der Prozess, bei dem digitale Assets von einer Wallet zu einer anderen transferiert werden, wobei die Blockchain als dezentrales und transparentes Buchungssystem dient, um diesen Austausch zu verifizieren und zu dokumentieren

Wallet: Eine Wallet ist eine Softwareanwendung oder ein physisches Gerät, das verwendet wird, um Kryptowährungen zu speichern, zu senden und zu empfangen. Wallets können als Hot Wallets (online) oder Cold Wallets (offline) kategorisiert werden und bieten verschiedene Sicherheitsstufen.

Web3: "Web3" ist ein Begriff, der oft im Zusammenhang mit der Vision eines dezentralisierten Internets verwendet wird. Es bezieht sich auf eine potenzielle zukünftige Version des Internets, die auf Blockchain-Technologie und dezentralen Protokollen aufbaut. Im Gegensatz zum aktuellen Web, das von zentralisierten Plattformen und Diensten dominiert wird, soll Web3 den Benutzern mehr Kontrolle über ihre Daten und digitale Identitäten geben, indem es auf Prinzipien der Dezentralisierung, Datenschutz und Interoperabilität basiert.

Whales: Whales sind Personen oder Organisationen, die über beträchtliche Mengen an Kryptowährungen verfügen. Sie haben oft die Möglichkeit, den Markt durch ihre Handelsaktivitäten zu beeinflussen, insbesondere bei kleineren oder weniger liquiden Assets. Ein gängiges Kriterium für die Definition eines Bitcoin-Whales ist der Besitz von mindestens 1.000 Bitcoin.

Diese Schwelle kann sich jedoch je nach Kontext und Marktlage ändern. Personen oder Organisationen, die eine so große Menge an Bitcoin besitzen, haben oft erheblichen Einfluss auf den Markt, da ihre Handelsaktivitäten das Angebot und die Nachfrage beeinflussen können.

Whitepaper: Das Whitepaper ist ein technisches Dokument, das die Details und Funktionsweise eines Blockchain-Projekts, einer Kryptowährung oder einer anderen technologischen Innovation beschreibt. Es enthält in der Regel Informationen über das Problem, das das Projekt lösen möchte, die zugrunde liegende Technologie, das Geschäftsmodell und die Roadmap.

Zero Knowledge Beweise: Zero-Knowledge-Beweise ermöglichen es einem Benutzer, zu beweisen, dass er über bestimmte Informationen verfügt, ohne diese Informationen tatsächlich preiszugeben. Auf diese Weise kann ein Benutzer beispielsweise beweisen, dass er über ausreichend Guthaben verfügt, um eine Transaktion durchzuführen, ohne die genaue Menge anzuzeigen oder seine Identität preiszugeben.

10.2 Krypto-Slang

Der Krypto-Slang, auch als Kryptojargon bekannt, ist eine spezifische Sprache, die in der Kryptowelt verwendet wird. Ähnlich wie in anderen Bereichen gibt es eine Vielzahl von Begriffen, Abkürzungen und Phrasen, die für Neulinge oft verwirrend sein können.

Diese Begriffe stammen aus verschiedenen Bereichen wie Technologie, Handel, und Gemeinschaft und entwickeln sich ständig weiter, da die Kryptowelt schnelllebig ist und neue Konzepte entstehen. Im Folgenden werden einige der häufigsten Begriffe des Kryptoslangs erklärt, um ein besseres Verständnis für diese aufstrebende Branche zu vermitteln.

Bagholding (Bagholder): Das Halten von Kryptowährungen, die an Wert verloren haben, in der Hoffnung, dass sich der Markt in Zukunft erholen wird.

BTD: "Buy the Dip (BTD)" bedeutet, dass man unter anderem eine Kryptowährung kauft, wenn ihr Preis stark gesunken ist. Die Idee dahinter ist, dass der Preis später wieder steigen könnte, und man so die Chance hat, günstig zu kaufen und später mit Gewinn zu verkaufen.

DYOR: Do Your Own Research - Eine Aufforderung an Anleger, ihre eigene Due Diligence (gründliche Untersuchung und Analyse) durchzuführen, bevor sie in eine Kryptowährung investieren.

Flippening: Das "Flippening" ist ein Ausdruck in der Kryptowelt, der sich vom englischen Wort "flip" (umkehren, tauschen) ableitet. In der Welt der Kryptowährungen bezieht sich dieser Begriff darauf, dass eine Kryptowährung in Bezug auf Marktkapitalisierung, Handelsvolumen oder andere relevante Metriken eine andere Kryptowährung übertrifft. Es würde unter anderem den Zeitpunkt beschreiben, an dem eine alternative Kryptowährung (Altcoin) eine höhere Marktkapitalisierung als

Bitcoin erreichen würde und somit die führende Position einnimmt. Das bekannteste Szenario eines solchen "Flippenings" betrifft Bitcoin und Ethereum.

FOMO (Fear of Missing Out): FOMO bezieht sich auf die Angst, eine lukrative Gelegenheit zu verpassen.

Im Zusammenhang mit Kryptowährungen beschreibt FOMO das Phänomen, dass Anleger aus Angst, eine steigende Preisbewegung zu verpassen, impulsiv kaufen und sich dem Gruppenverhalten anschließen.

FUD: Fear, Uncertainty, and Doubt - Die Verbreitung von Angst, Unsicherheit und Zweifel über eine bestimmte Kryptowährung oder den Markt im Allgemeinen, um Panik zu erzeugen und den Preis zu senken.

HODL: HODL ist ein Slangbegriff in der Kryptowelt, der aus einem Tippfehler für "hold" entstanden ist und bedeutet, dass man seine Kryptowährungen trotz Marktvolatilität langfristig halten soll, anstatt sie zu verkaufen. Es drückt die Überzeugung aus, dass langfristiges Halten langfristig zu größeren Gewinnen führen kann.

Memecoin: Ein Memecoin ist eine Art von Kryptowährung, die oft auf Internet-Memes oder Kulturphänomenen basiert. Diese Coins können als Spaßprojekte entstehen oder von der Community erstellt werden, um bestimmte Trends oder Themen zu feiern. Memecoins haben in der Regel keinen ernsthaften Anwendungsfall oder nutzen keinen spezifischen Technologievorteil wie einige andere Kryptowährungen. Stattdessen sind sie oft Gegenstand von Spekulationen oder werden für soziale Zwecke verwendet. Ein bekanntes Beispiel für einen Memecoin ist Dogecoin, der ursprünglich als Parodie auf Bitcoin entstand, aber später eine beträchtliche Anhängerschaft und Marktkapitalisierung gewann.

Pump and Dump: Eine betrügerische Praxis, bei der eine Kryptowährung künstlich gepumpt wird, um den Preis zu erhöhen, bevor diejenigen, die sie promoten, ihre Bestände zu einem höheren Preis verkaufen.

REKT: Ein Ausdruck, der verwendet wird, um auszudrücken, dass jemand einen erheblichen Verlust erlitten hat, oft durch schlechte Handelsentscheidungen oder unglückliche Marktbedingungen. Es leitet sich vom englischen Wort "wrecked" ab.

Shill: Die absichtliche Förderung oder Werbung einer Kryptowährung, oft von Personen, die ein finanzielles Interesse an ihr haben.

Shitcoin: Eine abwertende Bezeichnung für eine Kryptowährung, die als wertlos, ohne echten Nutzen oder betrügerisch angesehen wird.

STR: "Sell the Rip (STR)" bedeutet, dass man unter anderem eine Kryptowährung verkauft, nachdem ihr Preis schnell gestiegen ist. Man geht davon aus, dass der Preis bald wieder fallen könnte, und verkauft daher, um die Gewinne zu sichern, bevor eine Korrektur den Preis wieder nach unten bringt.

To the moon: Ein Ausdruck, der verwendet wird, um Optimismus über die Preisentwicklung einer Kryptowährung auszudrücken, mit der Vorstellung, dass ihr Wert exponentiell steigen wird.

10.3 Blockchain-Projekte

Die Blockchain-Technologie hat eine Vielzahl von innovativen Projekten hervorgebracht, die verschiedene Branchen und Anwendungen revolutionieren. Von der Finanzwelt über die Gesundheitsversorgung bis hin zur Lieferkettenverfolgung gibt es zahlreiche Blockchain-Projekte, die das Potenzial haben, die Art und Weise, wie wir Geschäfte tätigen und Daten verwalten, grundlegend zu verändern. Diese Projekte nutzen die dezentrale Natur der Blockchain, um Transparenz, Sicherheit und Effizienz in verschiedenen Bereichen zu verbessern. Im Folgenden werden einige interessante Blockchain-Projekte vorgestellt, die einen Einblick in die Vielfalt und das Potenzial dieser Technologie bieten.

Aave (AAVE): Ein Open-Source-Protokoll für dezentrale Finanzen (DeFi), das Benutzern ermöglicht, Kredite aufzunehmen und zu vergeben, ohne auf eine traditionelle Finanzinstitution angewiesen zu sein.

Bitcoin (BTC): Die erste und bekannteste Kryptowährung, die auf der Blockchain-Technologie basiert und als digitales Peer-to-Peer-Zahlungssystem fungiert.

BNB (Binance Coin): BNB ist die native Kryptowährung der Binance-Blockchain, die von der Binance-Kryptowährungsbörse ausgegeben wurde. BNB wird für verschiedene Zwecke verwendet, darunter Zahlungen von Handelsgebühren, Teilnahme an Token-Verkäufen und als Zahlungsmittel für Produkte und Dienstleistungen, die von Binance und seinen Partnern angeboten werden.

Cardano (ADA): Eine Blockchain-Plattform, die auf der wissenschaftlichen Forschung basiert und eine sichere und skalierbare Infrastruktur für die Entwicklung von DApps und Smart Contracts bietet.

Chainlink (LINK): Chainlink ist ein Blockchain-Projekt, das als Orakelnetzwerk dient. Es ermöglicht Smart Contracts den Zugriff auf externe Datenquellen und APIs, indem es einen sicheren und vertrauenswürdigen Datenaustausch zwischen der Blockchain und der realen Welt ermöglicht. Chainlink zielt darauf ab, die Interoperabilität und Funktionalität von Smart Contracts zu verbessern und ihre Anwendungsbereiche zu erweitern.

Ethereum (ETH): Eine der bekanntesten und am weitesten verbreiteten Blockchain-Plattformen, die die Entwicklung von dezentralen Anwendungen (DApps) und Smart Contracts ermöglicht.

Filecoin (FIL): Ein dezentrales Speicherprotokoll, das es Benutzern ermöglicht, Speicherplatz auf einem globalen Netzwerk von Computern zu mieten und zu verkaufen.

Polkadot (DOT): Ein interoperables Blockchain-Protokoll, das verschiedene Blockchains miteinander verbindet und die Interoperabilität zwischen verschiedenen dezentralen Anwendungen ermöglicht.

Ripple (XRP): Ripple und seine Kryptowährung XRP sind bekannt für ihr Zahlungsnetzwerk, das darauf abzielt, grenzüberschreitende Transaktionen schnell und kostengünstig abzuwickeln. Im Gegensatz zu vielen anderen Blockchain-Projekten konzentriert sich Ripple nicht darauf, dezentrale Anwendungen zu unterstützen, sondern bietet Banken und Zahlungsanbietern Lösungen für die Effizienzsteigerung ihrer internationalen Zahlungsabwicklungen.

XRP fungiert als Brückenwährung im Ripple-Netzwerk und soll Transaktionen zwischen verschiedenen Fiat-Währungen beschleunigen und verbilligen.

Solana (SOL): Solana ist eine Blockchain-Plattform, die sich auf hohe Leistung und Skalierbarkeit konzentriert. Ihr Ziel ist es, eine schnelle und kostengünstige Infrastruktur für dezentrale Anwendungen (DApps) und Kryptowährungen bereitzustellen. Solana verwendet eine neuartige Konsensmethode namens Proof of History (PoH), um Transaktionen schnell zu bestätigen.

Stellar Lumens (XLM): Stellar Lumens (XLM) ist die hauseigene Kryptowährung des Stellar-Netzwerks, das sich auf die Erleichterung grenzüberschreitender Zahlungen konzentriert.

Die Blockchain von Stellar ermöglicht rasche und kostengünstige Transaktionen durch das Stellar Consensus Protocol (SCP), während XLM als Zwischenwährung für den Austausch verschiedener Fiat-Währungen fungiert. Das Hauptziel des Stellar-Netzwerks besteht darin, finanzielle Integration zu fördern, indem es Menschen weltweit den Zugang zu bezahlbaren Finanzdienstleistungen erleichtert. Dank seiner dezentralen Natur und seinem Bestreben nach schnellen, günstigen Transaktionen hat Stellar Lumens das Potenzial, das globale Finanzsystem zu transformieren und traditionelle Hürden zu beseitigen.

Tether (USDT): Tether ist ein Stablecoin, dessen Wert an den US-Dollar gekoppelt ist. Er wird häufig in Kryptowährungsbörsen als Alternative zu Fiat-Währungen verwendet, um eine stabile Handelsumgebung zu schaffen, da 1 USDT immer etwa 1 USD wert sein soll.

Tezos (XTZ): Eine selbstentwickelnde Blockchain, die durch ein Governance-Modell von ihren Benutzern gesteuert wird und sich durch ihre Upgradefähigkeit auszeichnet.

Uniswap (UNI): Eine dezentrale Handelsplattform (DEX), die auf Ethereum basiert und es Benutzern ermöglicht, Kryptowährungen direkt über Smart Contracts zu handeln, ohne auf eine zentrale Börse angewiesen zu sein.

VeChain (VET): Eine Blockchain-Plattform, die auf die Verbesserung der Lieferketten- und Produktsicherheit durch die Verfolgung von Produkten mittels Blockchain-Technologie abzielt.

Das sind nur einige Beispiele von vielen Blockchain-Projekten. Diese Projekte zeigen die Vielfalt und das Potenzial der Blockchain-Technologie, verschiedene Branchen zu transformieren und neue Lösungen für bestehende Probleme zu bieten. Jedes einzelne hat seine eigenen einzigartigen Merkmale und Anwendungsfälle, die dazu beitragen, Innovationen in der digitalen Welt voranzutreiben.

10.4 Privacy coins

Privacy Coins sind eine spezielle Kategorie von Kryptowährungen, die sich durch ihren Fokus auf Datenschutz und Anonymität auszeichnen.

Im Gegensatz zu transparenten Blockchains, bei denen Transaktionen öffentlich einsehbar sind, ermöglichen Privacy Coins den Benutzern, ihre Transaktionsdetails zu verbergen und ihre finanzielle Privatsphäre zu schützen. Einige bekannte Beispiele für Privacy Coins sind:

Monero (XMR): Monero ist eine Open-Source-Kryptowährung, die sich auf Datenschutz, Anonymität und Unveränderlichkeit konzentriert. Es verwendet Ring-Signaturen, Stealth-Adressen und RingCT (Ring Confidential Transactions), um die Privatsphäre der Benutzer zu schützen.

Zcash (ZEC): Zcash ist eine Kryptowährung, die auf Zero-Knowledge-Beweisen basiert und es Benutzern ermöglicht, Transaktionen zu tätigen, ohne die beteiligten Adressen oder den übertragenen Betrag preiszugeben. Es bietet sowohl transparente als auch abgeschirmte Transaktionen an.

Dash (DASH): Dash ist eine Kryptowährung, die neben öffentlichen Transaktionen auch optionale private Transaktionen ermöglicht. Die PrivateSend-Funktion von Dash mischt Transaktionen von verschiedenen Benutzern, um die Anonymität zu erhöhen.

Verge (XVG): Verge ist eine dezentrale Kryptowährung mit dem Ziel, schnelle, anonyme und private Transaktionen durchzuführen. Es verwendet mehrere Datenschutztechnologien wie das TOR-Netzwerk und I2P (Invisible Internet Project).

Beam (BEAM): Beam ist eine Kryptowährung, die auf dem Mimblewimble-Protokoll basiert, das die Privatsphäre und Skalierbarkeit verbessert. Beam verwendet vertrauliche Transaktionen, um die Adressen und Transaktionsdaten der Benutzer zu verschleiern.

Diese Privacy Coins bieten den Benutzern die Möglichkeit, ihre finanzielle Privatsphäre zu wahren und Transaktionen diskret durchzuführen. Durch ihre innovativen Datenschutzfunktionen haben sie sich in der Kryptowährungslandschaft als wichtige Instrumente für Benutzer etabliert, die Wert auf Anonymität und Datenschutz legen.

10.5 Block 840.000

Die Abbildungen des Blocks 840.000 veranschaulichen einen essenziellen Augenblick in der Entwicklung des Bitcoin-Netzwerks: das Halving. Bei diesem Ereignis wird die Belohnung für Miner halbiert, von 6,25 BTC auf 3,125 BTC pro Block. Dieses Halving markiert nicht nur einen weiteren Schritt in der Evolution von Bitcoin, sondern unterstreicht auch die feste wirtschaftliche Grundlage der Kryptowährung. Das konstante und vorhersehbare Angebot von Bitcoin, das durch das Halving-Protokoll gewährleistet wird, trägt zur Vertrauensbildung und Stabilität des Netzwerks bei, während es gleichzeitig die langfristige Werterhaltung fördert. Am 20. April 2024 um 02:09:27 Uhr fand das vierte Halving von Bitcoin statt, welches beim Block 840.000 erreicht wurde.

Latest BTC Blocks

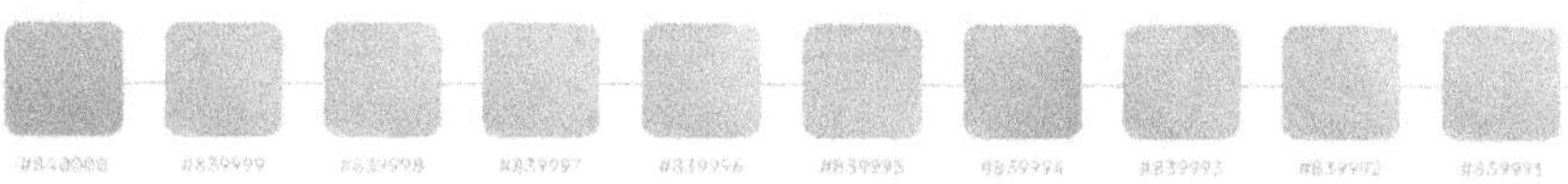

Anzahl	Hash	Abgebaut	TX-Anzahl	Fill	Größe
840000	0000-83a5	2Mo. 46Sek.	3.050	221,79%	2.325.617 Bytes
839999	0000-94ab	6Mo. 40Sek.	2.328	182,23%	1.910.838 Bytes
839998	0000-2591	13Mo. 31Sek.	2.254	193,82%	2.032.345 Bytes
839997	0000-6aab	14Mo. 9Sek.	2.633	163,68%	1.716.275 Bytes
839996	0000-Ab2e	26Mo. 47Sek.	2.736	154,30%	1.617.943 Bytes
839995	0000-6179	28Mo. 45Sek.	2.600	139,30%	1.460.673 Bytes

Abbildung 46: Block 840.000

Bitcoin Block 840.000

Abgebaut am April 20, 2024 02:09:27 • Alle Blocks anzeigen

Halving

This block marks the 4th bitcoin halving where the mining reward dropped from 6.25 to 3.125 bitcoin per block.

Details

Hash	00000-a83a5	Tiefe	1
Kapazität	221,79%	Größe	2.325.617
Abstand	3Mo. 57Sek.	Version	0x2a6fe000
BTC	1.359,9540	Merkle-Wurzel	[illegible]
Wert	$86.797.090	Schwierigkeitsgrad	86.388.558.925.171,02
Wert heute	$87.004.265	Nonce	3.932.395.645
Durchschnittswert	0.4458865482 BTC	Bits	386.089.497
Medianwert	0.00135200 BTC	Gewicht	3.993.281 WU
Eingabewert	1.397,58 BTC	Geprägt	3,13 BTC
Ausgabewert	1.400,70 BTC	Belohnung	40.75061499 BTC
Transaktionen	3.050	Abgebaut am	20. Apr. 2024, 02:09:27
Zeuge Tx's	3.024	Höhe	840.000
Eingaben	3.765	Bestätigungen	1
Ausgaben	9.716	Gebührenbereich	0-2.162.129 sat/vByte
Gebühren	37.62561499 BTC	Durchschnittliche Gebühr	0.01233627
Gebühren Kb	0,0161788 BTC	Mittlere Gebühr	0.00036500
Gebühren kWU	0.0094227 BTC	Miner	ViaBTC

Blockchain →

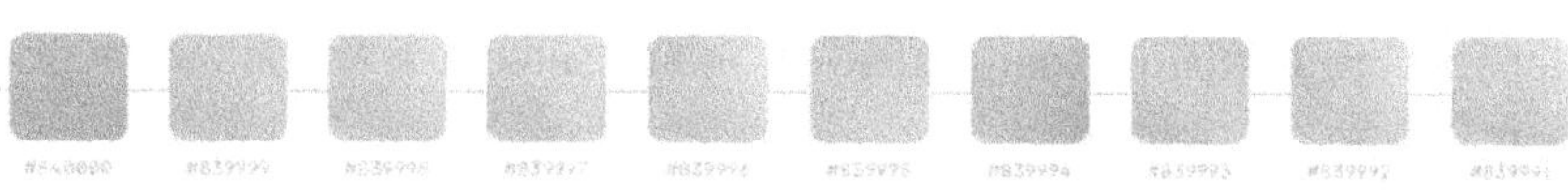

Abbildung 47: Bitcoin Block 840.000

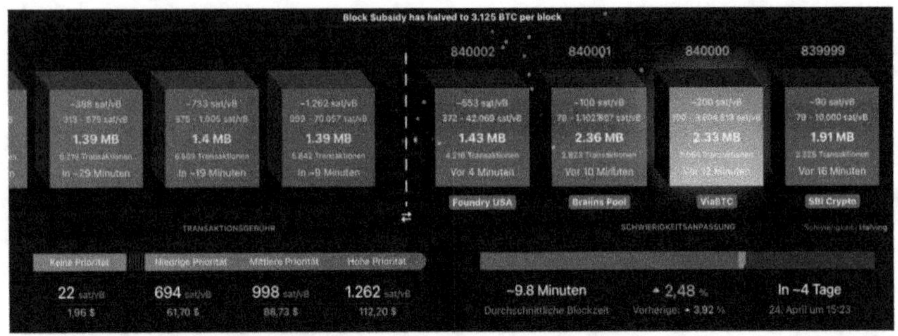

Abbildung 48: Block 840.000 – Block Subsidy has halved to 3.125 BTC per block

10.6 Top Assets nach Marktkapitalisierung

Selbst in einem sich ständig wandelnden Kryptowährungsmarkt bleibt Bitcoin ein unerschütterlicher Riese und behält seine Position als eines der Top-Assets nach Marktkapitalisierung und zählt derzeit zu den Top 10, neben einer Vielzahl von Unternehmen und anderen Vermögenswerten.

Die Tatsache, dass Bitcoin weiterhin zu den Top 10 zählt, ist nicht nur ein Beweis für seine Dominanz, sondern auch für sein anhaltendes Interesse und seine Attraktivität für Investoren auf der ganzen Welt.

Es ist wichtig zu beachten, dass sich die Rangpositionen kontinuierlich verschieben können; dennoch behauptet Bitcoin zum Zeitpunkt dieses Schreibens im Mai 2024 weiterhin seinen Platz als einer der Spitzenreiter und liegt derzeit auf dem neunten Platz in dieser Liste.

Hier ist eine Auflistung der aktuellen Top-Assets nach Marktkapitalisierung:

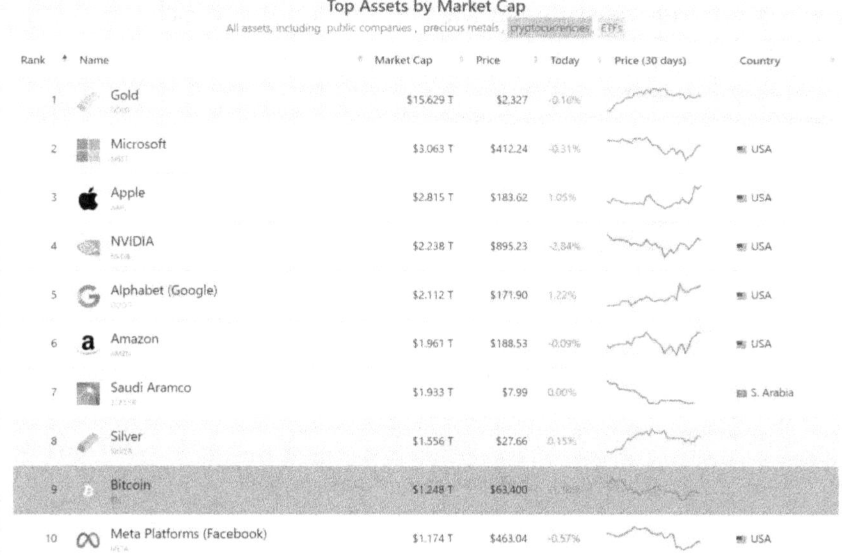

Top Assets by Market Cap

All assets, including public companies, precious metals, cryptocurrencies, ETFs

Rank	Name	Market Cap	Price	Today	Price (30 days)	Country
1	Gold	$15.629 T	$2.327	-0.16%		
2	Microsoft	$3.063 T	$412.24	-0.31%		USA
3	Apple	$2.815 T	$183.62	1.05%		USA
4	NVIDIA	$2.238 T	$895.23	-2.84%		USA
5	Alphabet (Google)	$2.112 T	$171.90	1.22%		USA
6	Amazon	$1.961 T	$188.53	-0.09%		USA
7	Saudi Aramco	$1.933 T	$7.99	0.00%		S. Arabia
8	Silver	$1.556 T	$27.66	0.15%		
9	Bitcoin	$1.248 T	$63.400	[illegible]		
10	Meta Platforms (Facebook)	$1.174 T	$463.04	-0.57%		USA

Abbildung 49: aktuellen Top Assets nach Marktkapitalisierung

10.7 Weitere Chartmuster und Indikatoren

Bisher haben wir einige Chartmuster und Indikatoren für das Trading mit Kryptowährungen behandelt. Es gibt jedoch noch eine Vielzahl weiterer, die man selbst erforschen und in seine Trading-Strategie integrieren kann. Diese bieten zusätzliche Einblicke, um Trends zu identifizieren und Handelsentscheidungen zu treffen, und eröffnen die Möglichkeit, sein Wissen und seine Fähigkeiten im Trading weiter zu vertiefen.

Einige weitere Chartmuster und Indikatoren sind:

Bullischer und bärischer Keil: Der bullische Keil ist ein charttechnisches Muster, das auf einen möglichen Aufwärtstrend hindeutet, während der bärische Keil das Gegenteil anzeigt und auf einen möglichen

Abwärtstrend hinweist. Beide Muster werden durch sich verengende Unterstützungs- und Widerstandslinien gekennzeichnet.

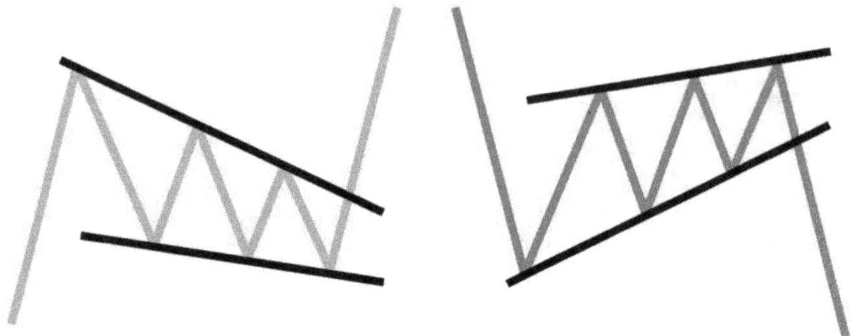

Abbildung 50: Bullischer und Bärischer Keil

Doji: Ein Kerzenmuster, das durch einen kleinen Körper gekennzeichnet ist, der nahe dem Eröffnungs- und Schlusskurs liegt und einen langen oberen und unteren Schatten hat. Ein Doji zeigt eine Unentschlossenheit im Markt an und kann auf eine mögliche Trendumkehr hinweisen.

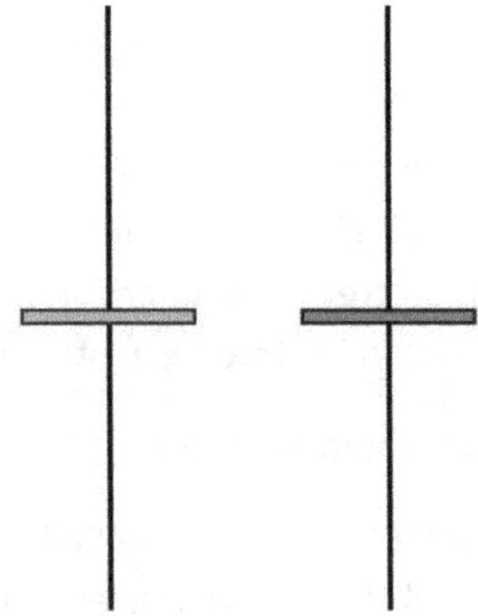

Abbildung 51: Doji

Engulfing-Kerzenmuster: Dieses Kerzenmuster tritt auf, wenn eine große Kerze die vorherige Kerze vollständig "verschlingt", was auf eine mögliche Umkehr des Trends hinweisen kann. Das bullische Engulfing-Muster tritt auf, wenn die zweite aufsteigende Kerze die erste bärische Kerze vollständig umhüllt, was auf die Stärke der Bullen hinweist.

Es signalisiert eine mögliche Trendumkehr nach einem Abwärtstrend und warnt vor einer bevorstehenden Kurswende. Ein bärisches Engulfing-Muster setzt sich aus zwei Candlesticks zusammen, wobei die erste aufsteigend und die zweite absteigend ist, während die zweite Kerze die erste vollständig umschließt.

Es deutet auf eine bevorstehende Umkehr nach einem Aufwärtstrend hin, wobei die Größe der Kerzen und die Vollständigkeit der Umhüllung wichtige Indikatoren für die Wahrscheinlichkeit einer Trendumkehr sind.

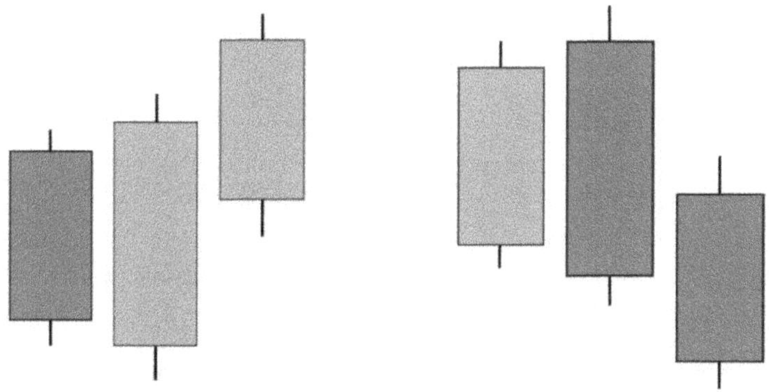

Abbildung 52: Bullisches und Bärisches Engulfing-Kerzenmuster

Gleitender Durchschnitt des Volumens (VMA): Ein Indikator, der den gleitenden Durchschnitt des gehandelten Volumens über einen bestimmten Zeitraum darstellt. VMA kann verwendet werden, um das Volumen zu glätten und potenzielle Trendumkehrpunkte zu identifizieren.

Hanging Man: Ein Hanging Man ist ein bärisches Kerzenmuster, das an einem Ende eines Aufwärtstrends auftritt und eine mögliche Trendumkehr signalisiert.

Es besteht aus einer kleinen Kerze mit einem langen oberen Docht und einem kleinen oder fehlenden unteren Docht.

Das bedeutet, dass obwohl der Preis während der Handelssitzung gestiegen ist, er am Ende wieder gefallen ist, was darauf hindeutet, dass der Aufwärtstrend schwächer wird.

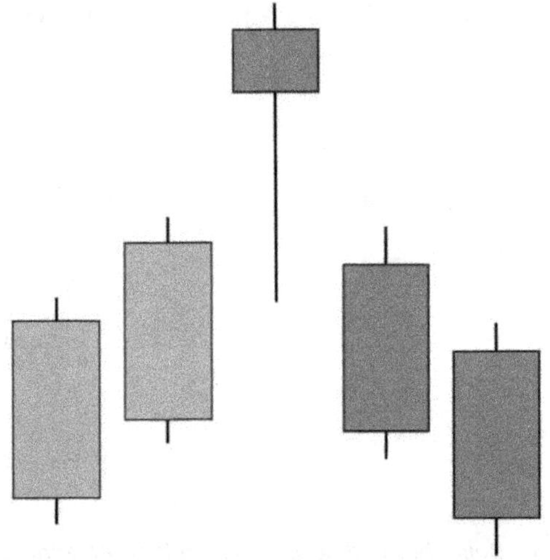

Abbildung 53: Hanging Man

Harami-Muster: Ein Harami-Muster ist ein zweiteiliges Kerzenmuster, das auf eine mögliche Trendumkehr hinweisen kann. Es besteht aus einer großen Kerze, gefolgt von einer kleinen Kerze, die innerhalb des Körpers der vorherigen Kerze liegt.

Das Harami-Muster kann sowohl bärisch als auch bullisch sein, abhängig davon, ob die kleine Kerze innerhalb der vorherigen Kerze bullisch oder bärisch ist. Ein bullisches Harami-Muster signalisiert eine mögliche Trendumkehr nach einem Abwärtstrend, während ein bärisches Harami-Muster auf eine mögliche Trendumkehr nach einem Aufwärtstrend hinweist.

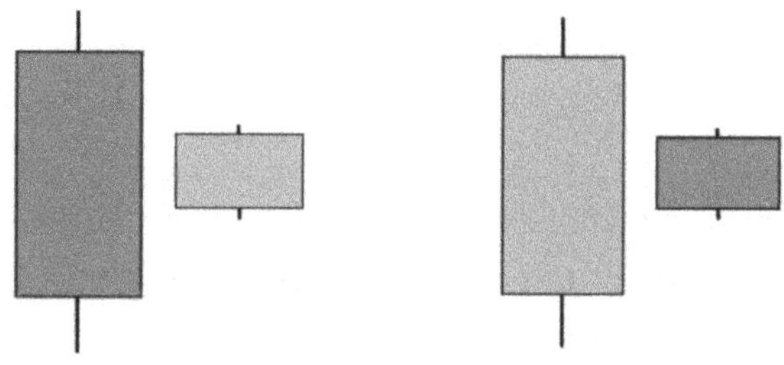

Abbildung 54: Bullisches und Bärisches Harami-Muster

Ichimoku Cloud: Ein umfassender Indikator, der aus verschiedenen Linien besteht, die Unterstützungs- und Widerstandsniveaus sowie potenzielle Trendumkehrpunkte anzeigen.

Die Ichimoku Cloud kann verwendet werden, um Handelssignale zu generieren und die Stärke eines Trends zu bewerten. Darüber hinaus bietet die Ichimoku Cloud auch visuelle Hinweise auf potenzielle Einstiegs- und Ausstiegspunkte für Trades sowie die Möglichkeit, die Volatilität des Marktes zu bewerten.

Morning Star / Evening Star: Dieses dreiteilige Kerzenmuster tritt am Ende eines Abwärtstrends (Morning Star) oder eines Aufwärtstrends (Evening Star) auf und signalisiert eine mögliche Trendumkehr.

Es besteht aus einer langen Kerze, gefolgt von einer kleinen oder hängenden Kerze und dann einer langen Kerze, die in die entgegengesetzte Richtung der vorherigen (ersten) Kerze schließt.

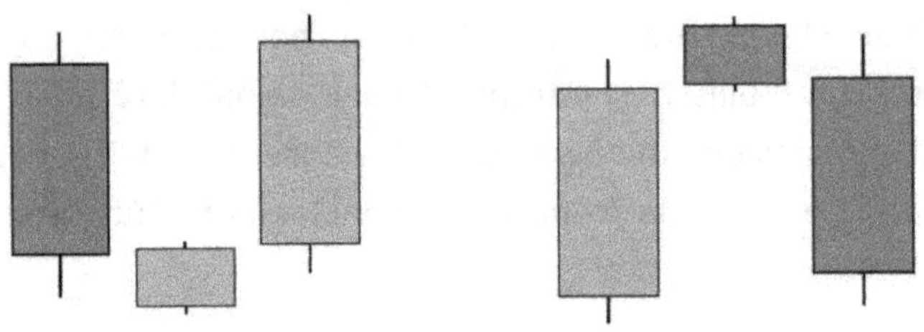

Abbildung 55: Morning Star und Evening Star

Marubozu: Ein Marubozu ist ein Kerzenmuster, das durch einen langen Körper ohne obere oder untere Schatten gekennzeichnet ist, was darauf hinweist, dass der Markt stark in eine Richtung tendiert.

Es gibt zwei Arten von Marubozu: ein bullish Marubozu, das einen starken Aufwärtstrend signalisiert und einen langen grünen Körper ohne obere oder untere Schatten aufweist, und ein bearish Marubozu, das einen starken Abwärtstrend signalisiert und einen langen roten Körper ohne obere oder untere Schatten aufweist. Diese Muster können darauf hindeuten, dass die Bullen oder Bären die Kontrolle über den Markt haben und der Trend voraussichtlich weiter in die entsprechende Richtung gehen wird.

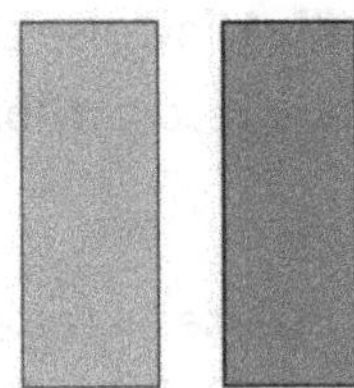

Abbildung 56: Bullisches und Bärisches Marubozu

Shooting Star: Ein Shooting Star ist ein bärisches Kerzenmuster, das an einem Ende eines Aufwärtstrends auftritt und auf eine mögliche Trendumkehr hinweist. Es sieht aus wie eine lange Kerze mit einem langen "Schatten" oben, was bedeutet, dass der Preis während der Sitzung gestiegen ist, aber dann wieder gefallen ist. Dies deutet darauf hin, dass der Kaufdruck nachlässt und der Preis möglicherweise nicht weiter steigt.

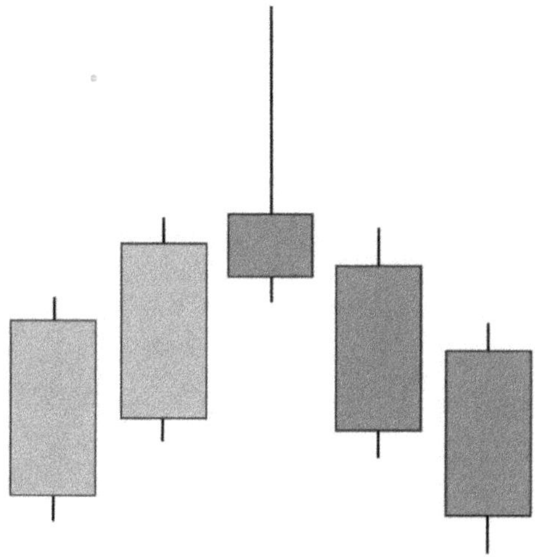

Abbildung 57: Shooting Star

Es gibt eine Vielzahl von weiteren Indikatoren und Chartmustern, darunter Parabolic SAR (Stop and Reverse), Piercing Line / Dark Cloud Cover, Pivot Points und der Relative Volatility Index (RVI), sowie zahlreiche weitere Tools und Techniken, die Händler zur Analyse von Preisbewegungen einsetzen können. Für diejenigen, die tiefer in die Welt des Tradings eintauchen möchten, stehen viele Möglichkeiten zur Verfügung, um weitere Indikatoren und Chartmuster zu erkunden. Ein solides Verständnis und die geschickte Anwendung dieser Instrumente können helfen, fundierte Handelsentscheidungen zu treffen und langfristig erfolgreich zu sein.

Wir möchten nochmals betonen, dass die bereitgestellten Informationen keine Anlage- oder Finanzberatung darstellen. Jeder ist allein verantwortlich für seine Handelsentscheidungen und sollte diese sorgfältig basierend auf seiner eigenen Risikotoleranz, finanziellen Situation und Anlageziele treffen. Wir übernehmen keinerlei Haftung für Verluste, die durch Handelsaktivitäten aufgrund der bereitgestellten Informationen entstehen könnten.

10.8 Blockchain und künstliche Intelligenz (KI)

Die Verknüpfung von künstlicher Intelligenz (KI) und Blockchain-Technologie hat das Potenzial, bedeutende Veränderungen in verschiedenen Bereichen herbeizuführen und positive Auswirkungen auf die Wirtschaft, die Umwelt und andere Bereiche des täglichen Lebens zu haben.

In der Wirtschaft können KI und Blockchain zusammenarbeiten, um Effizienz, Transparenz und Vertrauen in Geschäftsprozessen zu verbessern. Durch den Einsatz von KI können Unternehmen große Datenmengen analysieren, um Einblicke in Kundenverhalten, Markttrends und operative Abläufe zu gewinnen. Diese Erkenntnisse können dann in Blockchain-Systeme integriert werden, um Transaktionen zu verifizieren, Verträge automatisch abzuwickeln und Lieferketten zu verfolgen. Auf diese Weise können Unternehmen Kosten senken, Betrug reduzieren und die Geschäftsabläufe rationalisieren.

Darüber hinaus können KI und Blockchain dazu beitragen, finanzielle Inklusion zu fördern und den Zugang zu Finanzdienstleistungen für Menschen in unterversorgten Regionen zu verbessern. Durch die Kombination von KI-gestützten Analysetechnologien und Blockchain-basierten Zahlungsplattformen können finanzielle Transaktionen sicherer, schneller und kostengünstiger abgewickelt werden, wodurch die finanzielle Teilhabe für eine breitere Bevölkerungsschicht ermöglicht wird.

Im Umweltbereich können KI und Blockchain zur Überwachung und Verwaltung natürlicher Ressourcen eingesetzt werden. Zum Beispiel können Sensoren und IoT-Geräte (Internet of Things-Geräte) Daten über Luft- und Wasserqualität sammeln, die dann mithilfe von KI-Algorithmen analysiert werden, um Umweltverschmutzung zu erkennen und Umweltschutzmaßnahmen zu empfehlen. Diese Informationen können in einer transparenten und manipulationssicheren Blockchain gespeichert werden, um die Integrität der Daten zu gewährleisten und den Stakeholdern einen besseren Einblick in Umweltfragen zu ermöglichen.

Des Weiteren können KI und Blockchain zur Schaffung von dezentralen Energieinfrastrukturen beitragen, die auf erneuerbaren Energiequellen basieren. Durch den Einsatz von KI-gestützten Prognosemodellen können Energiebedarf und -produktion besser koordiniert werden, um Überkapazitäten zu reduzieren und die Effizienz des Energieverbrauchs zu maximieren. Diese Prozesse können durch Blockchain-Technologie unterstützt werden, die die Peer-to-Peer-Energiehandel ermöglicht und den Einsatz erneuerbarer Energien fördert.

Insgesamt bieten die Synergien zwischen KI und Blockchain eine Vielzahl von Möglichkeiten, um Wirtschaftssysteme zu verbessern, Umweltschutzmaßnahmen zu stärken und die Lebensqualität der Menschen weltweit zu erhöhen. Durch die Entwicklung und Implementierung innovativer Lösungen, die auf diesen Technologien basieren, können wir eine nachhaltigere und gerechtere Zukunft gestalten.

Abbildung 58: Blockchain und künstliche Intelligenz

10.9 Generationen und Kryptowährungen

Die Einstellungen und das Verhalten von Generation Z (~1997-2012), Millennials (~1981-1996) und Generation X (~1965-1980) in Bezug auf Kryptowährungen sind vielfältig und werden durch ihre unterschiedlichen Lebenserfahrungen und Werte geprägt. Trotz des wachsenden Interesses und der steigenden Akzeptanz von Kryptowährungen ist es wichtig zu beachten, dass nur sehr wenige Menschen über eine umfassende Kenntnis der Blockchain-Technologie und Kryptowährungen verfügen.

Die Gen Z ist mit Technologie aufgewachsen und vertraut mit digitalen Zahlungsmethoden. Sie sind oft offen für neue Technologien und haben ein starkes Interesse an Finanzinnovationen wie Kryptowährungen. Viele sehen Kryptowährungen als eine Möglichkeit, traditionelle Banken zu umgehen und finanzielle Autonomie zu erlangen. Sie nutzen soziale Medien und Onlineplattformen, um sich über Kryptowährungen zu informieren und sich mit Gleichgesinnten auszutauschen.

Millennials, oft als Vorreiter der Krypto-Revolution angesehen, haben ebenfalls ein tiefes Verständnis für Technologie. Sie waren möglicherweise schon etwas älter, als Bitcoin und andere Kryptowährungen auf den Markt kamen, aber einige haben das Potenzial von Kryptowährungen früh erkannt und möglicherweise schon in den frühen Phasen investiert. Sie sind oft offen für alternative Anlageklassen und betrachten Kryptowährungen als eine Möglichkeit, ihr Portfolio zu diversifizieren und potenziell hohe Renditen zu erzielen.

Die Gen X umfasst eine breite Altersgruppe von Menschen, die in den 1960er bis frühen 1980er Jahren geboren wurden. Viele von ihnen haben Finanzkrisen erlebt, was zu einem gewissen Grad an Skepsis gegenüber neuen Anlageformen wie Kryptowährungen führen kann. Einige in dieser Generation sind jedoch offen für neue Technologien und sehen den Wert von Kryptowährungen als Absicherung gegen traditionelle Finanzsysteme oder als langfristige Anlageoption.

Die Haltung gegenüber Kryptowährungen wird maßgeblich von individuellen Erfahrungen, Risikobereitschaft und dem Vertrauen in Technologie geprägt. Während Gen Z und Millennials oft als die Haupttreiber hinter der Verbreitung von Kryptowährungen angesehen werden, zeigen auch einige aus der Generation X Interesse an dieser Entwicklung, vor allem, wenn sie die Potenziale und Chancen von Kryptowährungen erkennen. Dennoch ist festzuhalten, dass nur wenige Menschen über eine umfassende Kenntnis der Blockchain-Technologie und Kryptowährungen verfügen.

Abbildung 59: Generationen und Kryptowährungen KI

Nachwort

Wir beenden dieses Buch über Kryptowährungen mit tiefer Dankbarkeit und Freude. Die „Reise", die wir während des Schreibens dieses Buches unternommen haben, war äußerst erkenntnisreich und hat uns dazu motiviert, unsere Einsichten und Erfahrungen in diesem faszinierenden Bereich mit Ihnen zu teilen. Mit jedem Kapitel, das wir verfasst haben, sind wir noch tiefer in die Welt der Kryptowährungen eingetaucht und haben neue Facetten dieses faszinierenden Gebietes entdeckt.

Als wir uns entschieden haben, dieses Buch zu schreiben, war unsere Motivation klar: Wir wollten dazu beitragen, komplexe Konzepte verständlich zu machen und einen Einblick in die aufregende Welt der Kryptowährungen und Blockchain-Technologie zu geben. Wir erinnern uns noch gut daran, wie wir damals, als wir mit allem begannen, ein solches Buch gerne gehabt hätten. Da es damals kaum Literatur zu diesem Thema gab und auch im Internet nur wenige Informationen verfügbar waren, hätte uns so ein Buch sehr geholfen. Aus diesem Grund haben wir dieses Buch geschrieben, weil wir uns vorstellen können, wie hilfreich es gewesen wäre, wenn wir zu Beginn unserer „Reise" ein derartiges Werk zur Hand gehabt hätten.

Während des Schreibprozesses wurde uns immer klarer, wie dynamisch und faszinierend dieses Feld ist. Die schnellen Entwicklungen und Innovationen in der Welt der Kryptowährungen und Blockchain stellen uns ständig vor neue Herausforderungen und Möglichkeiten. Wir sind davon überzeugt, dass wir erst am Anfang einer aufregenden „Reise" stehen und dass diese Technologien das Potenzial haben, unsere Welt auf transformative Weise zu verändern.

Ein besonderer Dank gebührt unseren Eltern, die uns immer unterstützt haben und die uns damals den Laptop gekauft haben, der den Anfang unserer „Reise" in diese faszinierende Welt markierte.

Abschließend möchten wir Sie ermutigen, weiter zu forschen, zu lernen und zu erkunden. Die Welt der Kryptowährungen und Blockchain ist voller Möglichkeiten und Potenziale, und es gibt noch so viel zu entdecken. Wichtig ist es dabei, den Spaß an der ganzen Sache nicht zu verlieren und sich stets von Ihrer Neugierde leiten zu lassen.

Es ist jedoch auch wichtig zu betonen, dass Kryptowährungen und Geld im Allgemeinen nicht das Wichtigste auf der Welt sind. Es gibt viele andere Lebensaspekte, die von größerer Bedeutung sind. Es ist entscheidend, ein gesundes Gleichgewicht zu finden und sorgfältig abzuwägen, wie viel Zeit und Energie man verschiedenen Aspekten des Lebens widmen möchte.

Wir hoffen, dass die Informationen und Einsichten, die wir in diesem Buch präsentiert haben, Ihnen dabei helfen, ein besseres Verständnis für Kryptowährungen zu entwickeln und Ihre eigenen Entscheidungen im Umgang mit ihnen zu treffen. Wir verabschieden uns von Ihnen und wünschen Ihnen alles Gute für Ihre eigene „Reise" in die Welt der Kryptowährungen und der Blockchain.

Möge dieses Buch Ihnen als wertvolle Ressource dienen und Sie auf Ihrem Weg unterstützen.

Die Zukunft wird...

Die Zukunft der Kryptowährungen verspricht nicht nur interessant und aufregend zu werden, sondern auch eine grundlegende Veränderung in der Art und Weise, wie wir Werte speichern, übertragen und handeln. Mit der ständigen Weiterentwicklung von Technologien wie die der Blockchain und dem zunehmenden Interesse von Regierungen und Institutionen, dürften Kryptowährungen weiterhin eine bedeutende Rolle in der globalen Wirtschaft spielen. Ihre Auswirkungen könnten weitreichend sein, von der Finanzintegration bis hin zur Neugestaltung traditioneller Finanzstrukturen. Insgesamt bieten sie eine faszinierende Aussicht auf eine zukünftige Finanzlandschaft, die dynamisch und innovativ ist.

Abbildung 60: Die mögliche Zukunft der Kryptowährungen 😊 KI

Quellenverzeichnis

Binance academy (2023): Dezentral. Abrufbar unter: https://academy.binance.com/en/search?page=1&term=decentral

Binance academy. Eine Einführung in Kryptowährungen für Einsteiger. Was ist eine Kryptowährung? Kryptowährung: Ausschluss des Mittelsmannes Binance academy. Peer-to-Peer Netzwerke erklärt. Was ist Peer-to-Peer (P2P)? Abrufbar unter: https://academy.binance.com/de/articles/peer-to-peer-networks-explained

Binance academy (2023): Hash. Abrufbar unter:https://academy.binance.com/en/search?page=1&term=hash

Binance academy (2023): Vor- und Nachteile der Blockchain. Nachteile. Abrufbar unter: https://academy.binance.com/de/articles/positives-and-negatives-of-blockchain

Binance academy (2023): Was ist die Blockchain. Abrufbar unter: https://academy.binance.com/en/search?page=1&term=what%20is%20blockchain

Binance academy (2023): Was ist Bitcoin? Einführung in Bitcoin. Wer hat Bitcoin erfunden? Abrufbar unter: https://academy.binance.com/de/articles/what-is-bitcoin#who-created-bitcoin

Binance academy (2023): Was ist peer to peer (P2P). Abrufbar unter: https://academy.binance.com/en/articles/peer-to-peer-networks-explained#Distributed-vs.-decentralized

Binance academy (2023): Was sind Knoten? Bitcoin-Knoten. Abrufbar unter: https://academy.binance.com/en/articles/what-are-nodes

Binance.com (2024): Abrufbar unter: https://www.binance.com/en

bitcoinblockhalf.com. Bitcoin Block Reward halbiert den Countdown. Was ist ein Blockhalbierugnsereignis? Abrufbar unter: https://www.bitcoinblockhalf.com/

Bitget academy (2024): Das vierte Bitcoin-Halving: Ein Meilenstein in der Geschichte der Kryptowährungen. 25.04.2024. Abrufbar unter: https://www.bitget.com/de/academy/the-fourth-bitcoin-halving-events-impacts-and-insights

Bitget academy (2024): Hauptunterschiede zwischen Web3 und dem Metaverse und wie sie zusammenarbeiten.18.01.2024. https://www.bitget.com/de/academy/key-differences-between-web-3-and-the-metaverse-and-how-they-work-together

Bitget.com (2024): Abrufbar unter: https://www.bitget.com/

bitpanda Academy (2023): Was ist der Unterschied zwischen Kryptowährungen wie Bitcoin und Fiat-Währungen? In dieser Lektion lernst du den Unterschied zwischen Kryptowährungen und Fiat-Währungen. bitpanda Academy. Was ist der Unterschied zwischen Kryptowährungen wie Bitcoin und Fiat-Währungen?. Kryptowährungen haben mit konventionellen Fiat-Währungen einiges gemein, bieten aber vielen interessante Vorteile. Abrufbar unter: https://www.bitpanda.com/academy/de/lektionen/was-ist-der-unterschiedzwischen-kryptowahrungen-wie-bitcoin-und-fiat-wahrungen/

Blockchain.com. (2010): Bitcoin Pizza Abrufbar unter: https://www.blockchain.com/de/explorer/transactions/btc/a1075db55d416d3ca199f55b6084e2115b9345e16c5cf302fc80e9d5fbf5d48d

Blockchain.com (2009): Block 0. Abrufbar unter: https://www.blockchain.com/btc/block/000000000019d6689c085ae165831e934ff763ae46a2a6c172b3f1b60a8ce26f

Blockchain.com (2009): First P2P Transaction. Abrufbar unter: https://www.blockchain.com/de/explorer/transactions/btc/f4184fc596403b9d638783cf57adfe4c75c605f6356fbc91338530e9831e9e16

Blockchain.com (2024): Latest Blocks. Abrufbar unter: https://www.blockchain.com/de/explorer/blocks/btc

BTC Academy (2024): Fear of Missing Out (FOMO). Abrufbar unter: https://www.btcecho.de/academy/bibliothek/fomo/#:~:text=FOMO%20(fear%20of%20missing%20out,einen%20rasanten%20Kursanstieg%20zu%20verpassen.&text=Das%20FOMO%2DGef%C3%BChl%20ist%20besonders,Zeit%20deutlich%20an%20Wert%20gewinnt.

BTC Direct (2024): Wie lange dauert eine Bitcoin-Transaktion? Die einfache Antwort ist: unmittelbar. Abrufbar unter: https://btcdirect.eu/de-at/wie-lange-dauert-eine-bitcoin-transaktion

Burak Aras, Paul (2018): Ist die Anzahl der Bitcoins begrenzt? Welche Vorteile hat die Begrenzung? Abrufbar unter: https://www.coinpro.ch/ist-die-anzahl-der-bitcoins-begrenzt/

Chainalysis.com (2024): Crypto Report. Abrufbar unter: https://www.chainalysis.com/

Coinmarketcap.com (2024): Abrufbar unter: https://coinmarketcap.com/

Coinmarketcap.com (2024): Global Live Cryptocurrency Charts & Market Data. Abrufbar unter: https://coinmarketcap.com/charts/

Coinmarketcap.com (2024): Cryptocurrencies. Coins. Bitcoin. Abrufbar unter: https://coinmarketcap.com/currencies/bitcoin/

Companiesmarketcap.com (2024): Top Assets by Market Cap. Abrufbar unter: https://companiesmarketcap.com/assets-by-market-cap/

Don, Patryk (2022): 20-jähriger verliert 730.000 $ an der Börse und nimmt sich das Leben. Abrufbar unter: https://www.etf-nachrichten.de/20-jaehriger-verliert-730-000-an-der-boerse-und-nimmt-sich-das-leben/

Ellipal.com (2024): Abrufbar unter: https://www.ellipal.com/

Erhardt, Henrique (2024): Hash. Abrufbar unter: https://academy.binance.com/en/glossary/hash

GameKyuubi (2013): I am hodling. Abrufbar unter: https://bitcointalk.org/index.php?topic=375643.msg4022997#msg4022997

Grüger, Tim (2017): Mit Trading reich werden? Die Wahrheit. Abrufbar unter: https://www.tradingfreaks.com/post/mit-trading-reich-werden-die-wahrheit

Hashgenerator.de (2024): Abrufbar unter: https://hashgenerator.de/

Hülsbömer, Simon/Genovese, Bill (2021): Was ist Blockhain? Welche Vor- und Nachteile hat die Blockchain? Abrufbar unter: https://www.computerwoche.de/a/blockchain-was-ist-das,3227284

Joos, Thomas (2021): Virtuelle Währung. Bitcoin Mining: Geld mit dem eigenen Computer selbst herstellen. Die richtige Hardware für das Schürfen von Bitcoins. In: PCwelt. Abrufbar unter: https://www.pcwelt.de/ratgeber/Bitcoins-Geld-mit-dem-eigenen-Computer-herstellen-4917667.html

Kraken.com (2024): Abrufbar unter: https://www.kraken.com/

Ledger.com (2024): Abrufbar unter: https://www.ledger.com/

Mein-lernen.at (2020): Definition: Kryptowährungen. Nachteile von Kryptowährungen. Abrufbar unter: https://www.mein-lernen.at/geographie/geographie-ueberblick/394-wirtschaft/14955-kryptowaehrungen-vor-und-nachteile

Mempool.space (2024): Latest Blocks. Abrufbar unter: https://mempool.space/de/

Metamask.io (2024): Abrufbar unter: https://metamask.io/

Nakamoto, Satoshi (2008): Bitcoin: A-Peer-to-Peer Electronic cash system. Abrufbar unter: https://bitcoin.org/bitcoin.pdf

Rethfeld, Robert (2016): Geldanlage – Stillstand ist Rückschritt. Abrufbar unter: https://www.wellenreiter-invest.de/wochenendkolumnen/Geldanlage-Stillstand-ist-Rueckschritt

S. Aaron (2020): Best Cold Wallet Available. Cold Wallets. Abrufbar unter: https://www.bitdegree.org/crypto/cold-wallet

Schiller, Kai (2019): Was ist ein Private Key? – Der private Bitcoin und Altcoin Schlüssel. Private Key Definition. Abrufbar unter: https://blockchainwelt.de/private-key-bitcoinverschluesselung/#:~:text=%E2%80%9EEin%20Private%20Key%20(privater%20Schl%C3%BCssel,%E2%80%9C

Schiller, Kai (2019): Was ist ein Public Key? Die asymmetrische Kryptographie. Abrufbar unter: https://blockchainwelt.de/public-key-empfangsadresse/

Schmitz, Peter (2019): Definition Transaktion. Was ist eine Transaktion? Abrufbar unter: https://www.blockchain-insider.de/was-ist-eine-transaktion-a-874388/

Statista Research Department (2024): Anzahl verfügbarer Kryptowährungen weltweit in ausgewählten Monaten von Juni 2013 bis April 2024. Abrufbar unter: https://de.statista.com/statistik/daten/studie/1018542/umfrage/anzahl-unterschiedlicherkryptowaehrungen/#:~:text=Anzahl%20verf%C3%BCgba-rer%20Kryptow%C3%A4hrungen%20welt-weit%20bis%20April%202024&text=Im%20Ap-ril%202024%20gab%20es%20laut%20inves-ting.com%208.547%20unterschiedliche%20Kryp-tow%C3%A4hrungen.

Trezor.io (2024): Abrufbar unter: https://trezor.io/

Trustwallet.com (2024): Abrufbar unter: https://trustwallet.com/de

Umland, Carsten (2023): Was sind Soft und Hard Forks? Definition & Erklärung. Was sind Hard Forks? Abrufbar unter: https://www.nextmarkets.com/de/handel/krypto/hardforks

Abbildungsverzeichnis

Abbildungsverzeichnis

Tabellenverzeichnis

Abkürzungsverzeichnis

ATH → All time high

ATL → All time low

BTC → Bitcoin

DeFi → Decentralized Finance

e. A. → eigene Analyse

e. D. → eigene Darstellung

EMA → Exponetial Moving Average

ETH → Ethereum

FOMO → Fear of missing out

IoT → Internet of Things

KI → künstliche Intelligenz

MACD → Moving Average Convergence Divergence

P2P → Peer-to-Peer

PoB → Proof of Burn

POC → Point of Control

PoS → Proof of Stake

PoW → Proof of Work

Q. → Quartal

RSI → Relative Strenght Index

SMA	→	Simple Moving Average
Usw.	→	und so weiter
VWAP	→	Volume Average Price
z.B.	→	zum Beispiel